Balkongärtnern

Jetzt wird's richtig schön!

TOBIAS PETERSON

Stiftung Warentest

SO FUNKTIONIERT DAS BUCH

Sie möchten einen schönen Balkon haben, auf dem Sie den Feierabend genießen, mit Freunden feiern oder in der Morgensonne frühstücken können? Und das ohne viel Aufwand? Das geht! Wie, zeigen wir Ihnen in diesem Buch.

ZWISCHENDURCH BALKONGÄRTNERN

Denken Sie sich beim Blättern durch die Gartenmagazine auch schon mal: „Wow – so einen tollen Balkon möchte ich auch haben, aber neben Pflanzenpflege und Putzen bleibt ja nicht viel Zeit zum Entspannen…"? Es macht keinen Sinn, gegen seinen inneren „Balkongärtner-Schweinehund" anzukämpfen. Wenn Sie nur wenig Zeit für die Pflanzenpflege aufbringen können, dann ist das eben so. Daher steht in diesem „Balkonbuch" die Pflegearbeit nicht an erster Stelle. Im Gegenteil, wir möchten Ihnen zeigen, wie Sie auch mit wenig Aufwand einen Balkon bekommen, der das ganze Jahr attraktiv ist. Unsere doppelseitigen Balkon- und Dachterrassen-Fotos sind „echt", sie wurden nicht nur für dieses Buch zurechtgemacht, die Tipps stammen alle aus der Praxis. So erhalten Sie sicher einen Balkon, auf dem Sie die ersten Frühlingssonnenstrahlen und auch noch im Oktober die letzte Herbstwärme genießen können.

Rosen und Begonien sind allseits beliebte Balkonpflanzen. Sie sind jedoch anfällig für Schädlinge und machen auch sonst viel Arbeit. Also **CONTRA?** Ja! Auch, wenn sie schön sind, solche Pflanzen finden Sie auf der linken Buchseite. Dort steht, was nicht pflegeleicht oder unpraktisch ist.

HÄLT **RICHTIG** LANG

Extra SCHÄDLINGS-RESISTENT

ERSTAUNLICHES PRINZIP

Balkongärtnern funktioniert am besten, wenn es keine Vorschriften gibt. Wir bieten Ihnen viele praktische Entscheidungshilfen, von der Wahl des besten Sonnenschutzes, der bequemsten Gartenmöbel bis hin zu Pflanzen, die besonders pflegeleicht sind und auch mehr als eine Saison den Balkon schmücken.

Extra PFLEGE-LEICHT

Für den Langzeiterfolg eines Balkons ist es nicht entscheidend, bei der kleinsten Blattlaus zur Giftspritze zu greifen oder nur die teuersten Möbel zu kaufen. Es ist viel besser, die Einrichtung des Balkons in kleinen Schritten vorzunehmen. So passen Sie den Balkon an Ihre Bedürfnisse an und können die Balkonpflege perfekt in den Alltag

FARBKNALLER IM FRÜHJAHR

Den frostbeständigeren und stabileren Pflanztopf, die robustere, langlebigere Staude und die länger blühende Sommerblume – all das ist besser und daher **PRO!** Zu finden auf der rechten Buchseite. Überraschend: Mit der richtigen Sortenauswahl sind auch sonst pflegeintensive Fuchsien zu empfehlen.

Top für SONNEN-BALKONE

integrieren. Welche Pflanzen sich auf Ihrem Balkon am wohlsten fühlen und auch noch Wochen nach dem Einpflanzen in voller Pracht dastehen, lernen Sie ganz nebenbei.

EINFACHES KONZEPT

Damit unsere Tipps auch ohne umfassendes Vorwissen verständlich sind, haben wir auf lange, enzyklopädische Texte verzichtet. Wir zeigen Ihnen auf einen Blick, was auf dem Balkon funktioniert und wovon man besser die Finger lässt – denn schließlich reicht es, wenn andere die Fehler für einen machen. Und wenn doch einmal etwas schiefgeht und eine Pflanze eingeht, sollten Sie es leichtnehmen: Es ist zwar traurig, wenn eine Pflanze erfriert und im Frühling nicht wieder austreibt, aber das schafft auch Platz für neue Experimente. Viel Spaß beim Balkongärtnern! Legen Sie los!

NOCH EIN HINWEIS: Viele Pflanzen haben in den verschiedenen Regionen Deutschlands unterschiedliche Namen. Daher haben wir im Service-Teil (ab Seite 210) die Pflanzen mit ihren botanischen Namen aufgelistet – die kennen Gärtner auf der ganzen Welt. Pflegeleicht sind alle Pflanzen, die wir im Buch empfehlen. Die Steckbriefe auf den Bildern und im Service-Teil enthalten die wichtigsten Infos zu den Pflanzen. Das bedeuten die Symbole:

STANDORT

- sonnig
- halbschattig
- schattig

WASSERBEDARF

- hoch
- mittel
- gering

BLÜTE, FRUCHT UND BLATT

- 3–7 Blütezeit (Monate in Ziffern)
- giftig/hautreizend
- essbar

FROSTRESISTENZ

- muss im Haus überwintert werden
- in milden Wintern frosthart
- sehr frosthart

BALKON-BASICS

KASTEN, TOPF UND KÜBEL

PFLANZEN AUF DEM BALKON

BALKON IM FRÜHJAHR

BALKON IM SOMMER

BALKON IM HERBST UND WINTER

SERVICE

Balkon-Basics

Auf einen Balkon gehört mehr als nur Blumen. Vom Boden über die Möbel bis hin zur Beleuchtung gibt es ein paar Dinge, die den Balkon schöner und das Balkongärtnern noch unkomplizierter machen. Bevor es ans Pflanzen geht, erfahren Sie daher auf den nächsten Seiten alles Wichtige rund um die Balkongrundausstattung.

GANZ EINFACH BALKONGÄRTNERN

Wäre das nicht schön: Ein Balkon mit üppigen Pflanzen, einer bequemen Liege oder gar Hängematte; ein Balkon, auf dem man abends ausspannen kann, am Wochenende frühstücken und sich sonnen, und das Ganze mit wenig Aufwand und Arbeit? Gar kein Problem! Bevor Sie jedoch mit dem Balkongärtnern loslegen, lesen Sie sich die folgenden Empfehlungen durch. Mit ein paar Grundregeln stellt sich der Erfolg ganz einfach ein.

REGEL 1: SEIEN SIE EHRLICH
Betrachten Sie Ihren Balkon oder Ihre Dachterrasse genau und machen Sie sich nichts vor. Eine schattige oder windexponierte Lage bleibt schattig und windig, auch wenn man von einer mediterranen

Bepflanzung träumt. Die Pflanzen- und Möbelauswahl muss der Balkongröße entsprechen. Allerdings gibt es für fast jede Balkon-Problemzone auch eine Lösung. Mehr Infos zu Balkonmöbeln finden Sie auf den Seiten 26 bis 31. Pflanzentipps für windige, sonnige und schattige Standorte erhalten Sie auf den Seiten 19, 23 und 178.

REGEL 2: HABEN SIE EIN BILD IM KOPF
Überlegen Sie vor dem Gang ins Gartencenter, wie Sie Ihre Dachterrasse oder den Balkon bepflanzen wollen. Wie soll Ihr Balkon aussehen? Welche Farben mögen Sie? Wo kann ein größerer Kübel hin? Welche Pflanzen sollen in Kästen auf die Brüstung? Gibt es schattige Stellen? Entscheiden Sie sich erst im Gartencenter, werden Sie wahrscheinlich zu viel und nicht passend für den Standort einkaufen.

REGEL 3: LEGEN SIE EINEN STIL FEST
Unsicher, welchen Stil der Balkon haben soll? Am einfachsten wird es, wenn Sie ein Farbthema vorgeben. Ein Balkon nur mit weißen Blüten oder überwiegend silbrigblättrigen Pflanzen wirkt immer gut gestaltet. Kombinieren Sie am besten maximal drei Farben miteinander, sonst wird es im wahrsten Sinne des Wortes „zu bunt", z. B. Rot-Orange-Gelb oder Rosa-Weiß-Blau. Auch beim Material der Deko-Artikel sollten Sie wählerisch sein. Mehr zum Thema Deko erfahren Sie auf den Seiten 34/35.

REGEL 4: JE NATÜRLICHER, DESTO BESSER
Die Natur ist das beste Vorbild, um sich inspirieren zu lassen. Bei ihr gibt es keine „schaukelnden Pflanzen" in Körben oder „fliegende Blumen" in scheinbar in der Luft schwebenden Kästen. Sollten Sie wegen Platzmangels doch auf hängende Pflanzen zurückgreifen, machen Sie sich auf eine aufwendigere Pflege gefasst.

REGEL 5: BLEIBEN SIE SICH TREU
Damit auf dem Balkon kein Chaos ausbricht, verzichtet man besser auf Impulskäufe im Blumenladen. Auch geschenkte Pflanzen passen nur selten in das Konzept, Integrationsversuche gehen meistens schief. Unpassende Deko kann die Balkonatmosphäre schnell zerstören. Man muss nicht alles aufstellen, was man geschenkt bekommt!

REGEL 6: PFLANZEN WACHSEN!
Beim Einkauf haben die Pflanzen fast nie ihre spätere Größe. Setzen Sie sie daher mit genug Abstand in die Pflanzgefäße, und geben Sie den Pflanzen die Chance, sich weiterzuentwickeln. Wie Sie häufiges Umtopfen vermeiden, erfahren Sie auf Seite 97.

REGEL 7: EINE PFLANZE FÜHRT AN
Einen schönen Gesamteindruck macht Ihr Balkon, wenn Sie auch die Höhe, Breite und Wuchsform der Pflanzen beachten. Robuste, mehrjährige Sträucher und Gehölze eignen sich als Grundbepflanzung,

weil sie über viele Jahre schön aussehen. Kräftig wachsende mehrjährige Stauden, die üppig und bunt blühen, dominieren in den Pflanztöpfen und sind daher ideale Leitpflanzen. Als Füller dienen einjährige Sommerblumen, die Sie passend zu den Leitpflanzen auswählen können. Welche Pflanzen besonders gute Leitpflanzen sind, lesen Sie auf Seite 157.

REGEL 8: SAISON IST DAS GANZE JAHR

Denken Sie daran, dass es in Deutschland nicht nur Sommermonate gibt. Auch in der übrigen Zeit können Balkon und Dachterrasse attraktiv gestaltet werden, sodass Sie das ganze Jahr über etwas davon haben. Es gibt erstaunlich viele Pflanzen, die auch niedrige Temperaturen vertragen. Ab Seite 184 zeigen wir Ihnen, wie Ihr Balkon im Herbst und im Winter schön wird.

REGEL 9: KREATIVITÄT IST GEFRAGT

Jedes Jahr die gleiche Balkongestaltung? Experimentieren Sie neben der Grundbepflanzung aus mehrjährigen Pflanzen mit unterschiedlichen einjährigen, die Ihrem Balkon jede Saison ein anderes Flair verleihen. Ein geringes Budget ist keine Ausrede für einen kahlen Balkon! Schauen Sie sich auf Flohmärkten um oder ziehen Sie Pflanzen selbst (siehe Seite 127). Alternativen zu den Standard-Balkonpflanzen finden Sie in diesem Buch, speziell auf Seite 75.

REGEL 10: IM ZWEIFEL FÜR DEN FAULEN

Anspruchsvolle Pflanzen oder solche, deren verblühte Blütenstände permanent ausgeputzt werden müssen, eignen sich nicht für Menschen mit wenig Zeit. Deshalb empfehlen wir nur Pflanzen, deren Pflege zu bewältigen ist, auch wenn Sie noch andere Jobs als Ihren Balkon haben. Welche Pflanzen besonders pflegeleicht sind, lesen Sie auf den Seiten 84/85.

REGEL 11: IMMER LOCKER BLEIBEN

Verzweifeln Sie nicht, wenn einmal eine Pflanze eingeht. Sie werden die Pflanzen immer besser kennenlernen und genauer wissen, was sie vertragen und wie sie am besten gepflegt werden. Nie vergessen: Der Balkon dient der Entspannung und soll keinen zusätzlichen Stress verursachen.

Gärtnersprache

Es ist hilfreich, einige Begriffe aus der Gärtnerei-Fachsprache zu kennen. Diese tauchen im Buch oder auch auf der Rückseite von Pflanzensamentütchen auf:

DRÄNAGE = Entwässerung; Dränagelöcher und Dränageschicht verhindern Staunässe im Pflanztopf.

EINFACHE BLÜTE Die pollenerzeugenden Teile in der Blüte sind normal ausgebildet, um sie herum stehen Blütenblätter.

EINJÄHRIG Die Pflanze keimt, wächst, blüht und bildet Samen in einer Saison und geht dann ein wie der Duftsteinrich.

FROSTHART (winterhart); Pflanzen, die auch Minusgrade aushalten, wie fast alle mehrjährigen heimischen Pflanzen.

GEFÜLLTE BLÜTE Die pollenerzeugenden Teile in der Blüte sind zu Blütenblättern umgewandelt. Die Blüte ist dicht mit Blütenblättern gefüllt.

IMMERGRÜN Die Blätter (Nadeln) überleben viele Jahre, sind also auch im Winter grün. Beispiel: Bergenie.

MEHRJÄHRIG Ausdauernde Pflanzen, die mehrere Jahre alt werden und jährlich blühen. Beispiel: Ziersalbei.

SOMMERGRÜN Die Blätter werden im Herbst abgeworfen. Beispiel: Japanischer Korkspindelstrauch.

STARKZEHRER brauchen viele Nährstoffe, daher von April bis August mindestens einmal im Monat düngen. Schwachzehrer kommen in der Regel mit zwei Düngergaben in der Saison aus.

STAUDE Eine mehrjährige Pflanze, die nicht verholzt, also nur krautige Blätter und Stängel bildet. Die meisten sterben im Herbst oberirdisch ab, nur der Wurzelstock überwintert. Beispiel: Astern.

STRÄUCHER/GEHÖLZE Pflanzen, die verholzende Triebe bilden. Beispiel: Sommerflieder.

SUBSTRAT Bezeichnung für Blumenerde, also ein Material zur Kultur von Pflanzen in Töpfen und Kübeln.

SUKKULENT Fähigkeit einer Pflanze, in schwammigen Geweben Wasser zu speichern, um lange Trockenzeiten überleben zu können. Beispiel: Hohe Fetthenne.

WINTERGRÜN Die Blätter bleiben im Winter an den Trieben, im Frühjahr, wenn das neue Laub erscheint, werden sie abgeworfen. Beispiel: Schwarzgrüner Liguster.

BALKONGARTEN

VON WEGEN VERZICHT! Nicht nur im Garten, auch auf dem Balkon oder der Dachterrasse gedeihen prächtige Stauden.

Patagonisches **EISENKRAUT** wird mit seinen lila Blüten bis zu 1,5 Meter hoch. Es verbreitet seine Samen selbst.

Balkongärtnern ganz nebenbei: Auf diesem Balkon ist alles **PFLEGELEICHT**. Die Pflanzen sind robust, vertragen Sonne als auch Halbschatten und benötigen außer dem regelmäßigen Gießen kaum Pflege. Der Boden ist leicht zu reinigen und die Möbel können das ganze Jahr draußen bleiben ohne kaputt zu gehen.

Die **KORALLENFUCHSIE** hat orangerote Blütenglöckchen.

UMRAHMT VON VIEL GRÜN, KÖNNEN SIE auf diesem Balkon wunderbar entspannen. Wie in einem Gartenbeet wachsen die Pflanzen in Kästen und Kübeln – so gut, dass sie weit über den Rand herabhängen und die Gefäße verdecken. Die Klappmöbel lassen sich einfach wegräumen und der robuste Bodenbelag aus Terrakottafliesen ist besonders pflegeleicht – ob feucht wischen oder staubsaugen, beides ist in null Komma nix erledigt.

BILLIGER HOLZBODEN?

SICHER, NUR 3 € PRO FLIESE schont Ihren Geldbeutel. Aber der Ärger mit dem Billigboden ist groß.

Gefährdete Wälder unter den Füßen? Bei **BILLIGANGEBOTEN** ist die Herkunft des Holzes meist unklar. Der allerbeste Bodenbelag für den Balkon ist qualitativ hochwertiger und damit leider teurer Holzboden mit FSC-Siegel. Gute Holzfliesen kosten ca. 8 € pro Stück.

BESSER NICHT!

Klickverbindungen aus Plastik an Holzfliesen brechen und splittern bald, da sie durch Hitze und Kälte spröde werden.

IN BAUMÄRKTEN UND MÖBELHÄUSERN werden Holzfliesen für den Balkon oft zu Spottpreisen verkauft. Da die Fliesen auch noch über Klickverbindungen leicht zu verlegen sind, greifen viele zu.

Aber Vorsicht: Billigangebote sind auch billig verarbeitet. Rostende Schrauben, Splitter in den Füßen und Risse im Holz sind der Preis. Und die Herkunft des Holzes ist auch oft unklar.

KEIN BODENBELAG!

SO GEHT GELDSPAREN: Lassen Sie den Boden, wie er ist.

Der Abfluss bleibt frei, was zusätzlich die Reinigung **ERLEICHTERT**! Immer darauf achten, dass er nicht durch Laub, Erde oder Pflanzenteile verstopft wird. Sonst gibt's beim nächsten Starkregen eine Überschwemmung – für eventuelle Schäden wären Sie haftbar.

DEKO-TIPP:

Ein kleiner Teppich, der schnell aus- und wieder eingerollt ist, kann unschöne Stellen überdecken und Akzente setzen.

HAT IHR BALKON einen halbwegs schönen Estrich? Dann brauchen Sie nicht unbedingt einen anderen Bodenbelag. Der „nackte" Boden ist leicht zu reinigen, es muss nichts verlegt werden, und sowieso lenken Ihre bunten Blumen alle Blicke auf sich. Wer achtet da schon auf den Boden? Also, sparen Sie sich die Arbeit und das Geld, investieren Sie lieber in schöne Pflanzen.

1
2
3
4
5
6
7
8
9

BODENBELÄGE

Der Balkonboden sollte möglichst pflegeleicht und witterungsbeständig sein sowie einfach zu verlegen. Gut aussehen sollte er natürlich auch. Wir stellen Ihnen einige Bodenbeläge mit ihren Vor- und Nachteilen vor.

1. BETONPLATTEN
Preisgünstig, leicht zu verlegen und einfach zu reinigen – aber richtig schwer. Für den normalen Balkon kommen sie nicht in Betracht, sondern nur beim Neubau einer Dachterrasse.

2. KERAMIK-/TERRAKOTTAFLIESEN
sind robust und leicht zu reinigen. Mit etwas handwerklichem Geschick ist das Verlegen auch für Laien machbar. Wer sich nicht traut, muss zum Fliesenleger. Bitten Sie den Vermieter vor dem Verlegen um sein Einverständnis.

3. KIES
sieht im Garten schön aus, neigt aber zum „Wandern". Geht nur auf einer großen Dachterrasse und muss eingefasst werden, damit die Kiesel nicht überall verteilt werden.

4. HOLZVERBUNDSTOFFE
sind Kunstmaterialien aus Holzfasern und Kunststoff. Sie sehen aus wie Holz, verrotten aber nicht. Sie werden wie Holzdielen oder Holzfliesen verlegt. Leider auch teuer – ca. 40 €/m² kosten solche Dielen im Baumarkt.

5. ESTRICH
Wer einen schönen Estrich auf dem Balkon hat, kann Geld und Arbeit sparen: Einfach den Boden so belassen. Vorteil: Leicht zu reinigen, der Abfluss bleibt frei.

6. MARMORFLIESEN
sind sehr pflegeleicht und langlebig; allerdings teuer und nicht ganz leicht zu verlegen. Vor dem Verlegen auf jeden Fall den Vermieter um Erlaubnis bitten. Achten Sie auf frostbeständigen Stein.

7. METALLGITTER
sieht man häufig in Neubauanlagen. Sieht modern aus, aber von unten kann man Ihnen im wahrsten Sinne des Wortes unter den Rock schauen. Außerdem fallen Blumenerde, Blüten und Blätter, Kaffeelöffel und anderer Kleinkram durch. Abhilfe: Bedecken Sie den Boden mit Holzplanken oder -fliesen.

8. KUNSTRASEN
sieht auf den ersten Blick schön aus, wird aber bei Regen nass und trocknet nur langsam – dann siedeln sich Algen an, die Oberfläche wird rutschig und glatt. Vorteil: Schon ab 2 €/m² zu haben.

9. HOLZDIELEN
geben dem Balkon einen natürlichen Look. Geeignet sind Lärchenholz und Robinie. Tropenholz ist auch haltbar, achten Sie auf das FSC-Siegel, auch bei Holzfliesen. Erkundigen Sie sich beim Hersteller nach der richtigen Pflege. Nachteil: teuer – zwischen 30 und 50 €/m², je nach Holzart.

SONNENSEGEL?

STYLISCH SIND SIE JA, moderne Sonnensegel. Aber damit sitzen Sie für immer im Schatten.

Sonnensegel sind große, feste Stoffbahnen aus Segeltuch oder ähnlichem Material. Nicht gut: Im Laufe der Zeit sammelt sich Staub auf ihnen. Bei Nässe siedeln sich **DUNKLE ALGEN** an, die nur schwer wieder zu entfernen sind.

ACHTUNG!

Reparatur unmöglich: Wenn das Segel bei Sturm reißt, kann es nicht einfach repariert werden, sondern muss komplett ausgetauscht werden.

FÜR BALKONE VIEL ZU UNFLEXIBEL: Sonnensegel müssen Sie mit Haken und Ösen an der Fassade und der Brüstung befestigen. Ein spontanes Sonnenbad ist so nicht möglich. Einige Vermieter mögen es gar nicht, wenn Sie in die Hauswand bohren, bitten Sie vor der Installation also besser um Erlaubnis. Noch ein Nachteil: Helle Segel werden mit der Zeit schwarz und fleckig.

SONNENSCHIRM!

FLEXIBLER GEHT'S NICHT. Es gibt sie in allen Größen und Farben, teuer und günstig, für jeden Geschmack und jeden Stil.

Ampel- oder Wandschirme sind ideal für den Balkon, da der Ständer **NICHT IM WEG** ist. Schirme mit mobilem Ständer auf Rollen sind auch praktisch.

Sommerblumen, die **VIEL SONNE** mögen, sind zum Beispiel Mittagsblume, Fächerblume, Blaue Mauritius und die Strandnelke.

PFLEGE-TIPP:

Abnehmbare Bezüge bei Sonnenschirmen sind praktisch. Aber nur nach Anleitung waschen, sonst kann die Beschichtung leiden. Am besten nur trocken abbürsten.

EIN GEEIGNETER SONNENSCHIRM steht sicher, lässt sich überall platzieren, ist leicht zu bedienen und kann mit der Sonne wandern. Unsere Tests ergaben: „Gute" Schirme erhalten Sie im Baumarkt für rund 40 €, ein „guter" Ampelschirm kostet ca. 70 €. Alle Schirme hatten einen ausreichenden UV-Schutz, egal welche Farbe der Bezug hatte oder wie die Testergebnisse sonst ausfielen.

SONNENSCHUTZ

Ohne Sonnenschutz kann es auf dem Balkon oder der Dachterrasse schnell unerträglich warm werden. Ein guter Sonnenschutz für Ihren Balkon hat einen hohen UV-Schutz. Bei Sonnenschutzsystemen, die nach der „UV Standard 801“-Norm getestet wurden, ist der Lichtschutzfaktor angegeben. Außerdem sollte Ihr Sonnenschutz platzsparend, im Idealfall beweglich und leicht zu verstauen sein. Bei Regen sollte er schnell abgebaut werden können und die eine oder andere Windböe aushalten. Wenn Sie in die Außenfassade bohren möchten, um einen Sonnenschutz anzubringen, müssen Sie vorher den Vermieter fragen. Auch wenn Ihnen die Wohnung gehört, dürfen Sie die Fassade nur nach Rücksprache mit der Eigentümergemeinschaft verändern.

FREISTEHENDE SONNENSCHIRME

Sonnenschirme aus Stoff und einem Standrohr in der Mitte sind die Klassiker, sie werden auch „Marktschirme“ genannt. Normale Modelle sind für den Balkon nur bedingt geeignet, da der ausladende Fuß im Weg steht. Bei Ampelschirmen ist das Standrohr außen. Ein stabiler Granitständer ist hier empfehlenswert. Einen Sonnenschirm können Sie bei Regen schnell zusammenfalten und verstauen. Sonnenschirme gibt es in allen Preisklassen.

Vorteile: flexibel, schnell verstaut
Nachteile: nehmen viel Stellplatz weg

WANDSCHIRME

Sonnenschirme, die Sie an der Wand befestigen können, sind ideal für kleinere Balkone. Sie bieten viel Freiraum, da kein Schirmständer im Weg steht. Allerdings können Sie den Schirm nur stabil befestigen, wenn die Hauswand aus einem soliden Material besteht. Sind die Wände mit Styropor oder mit anderem Material isoliert, kann die Befestigung problematisch werden. Bei Wind und Regen wird der Schirm einfach zusammengefaltet und an die Wand geklappt.

Vorteile: platzsparend, schnell verstaut
Nachteile: nicht überall montierbar, nur mit Genehmigung

SONNENSEGEL

Sonnensegel sind aus wetterfestem Gewebe oder Tuch und werden mit Ösen und Haken an der Hauswand, am Geländer oder der Decke des darüberliegenden Balkons angebracht. Sie müssen sturmsicher montiert sein und können dem Verlauf der Sonne nicht angepasst werden. Sie eignen sich daher nur für große Terrassen, auf denen der Sitzplatz wandern kann. Ist Ihr Balkon besonders windig, sollten Sie eine Variante aus robustem Stoff wählen. Die Kosten dafür liegen allerdings bei bis zu 200 €.

Vorteile: platzsparend
Nachteile: unflexibel, arbeitsaufwendige Anbringung

MARKISEN

Eine Markise können Sie zwar fix (von Hand oder elektrisch) einrollen, die meisten sehen aber oft schon nach dem ersten Sommer nicht mehr besonders schön aus. Es bilden sich Algen, weil die Markise oft nass wird und eingerollt nicht trocknen kann. Schmutz lagert sich ab, die Flecken können Sie nur umständlich entfernen. Kleine Markisen bekommen Sie für ca. 100 €. Bei einigen Herstellern kann man sich Stoff, Muster und Saumform selbst zusammenstellen.

Vorteile: schnell verstaut, platzsparend
Nachteile: werden schnell unansehnlich. Montage nur mit Genehmigung.

SELBST GEBAUTER BALDACHIN

Wenn Sie handwerklich begabt sind, können Sie sich aus ein paar Kanthölzern vom Baumarkt, Metallwinkeln und langen Stoffbahnen einen Baldachin bauen. Die Kanthölzer stellen Sie in mit Beton gefüllte Töpfe. Wenn Sie die Töpfe nur halb füllen, können Sie sie sogar noch mit Rankpflanzen, die an den senkrechten Kanthölzern emporklimmen, bepflanzen. Kein handwerkliches Geschick ist bei einem fertigen Pavillon aus dem Baumarkt erforderlich.

Vorteile: individuell anpassbar
Nachteile: handwerkliches Geschick erforderlich, nur für Dachterrassen

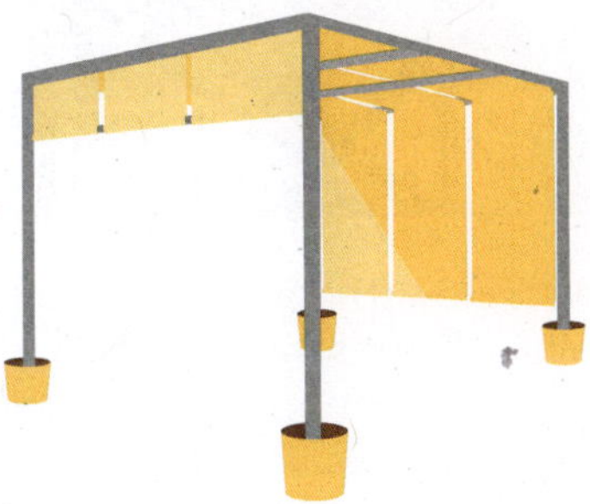

WINDIGE SACHE?

ES IST ERSTAUNLICH, wie stark der Wind um die oberen Etagen auch normal hoher Häuser bläst. Ohne Schutz gibt's keine Entspannung.

AUCH WENN UNTEN nur ein lauschiges Lüftchen weht, ein paar Meter höher geht es schon ganz anders zur Sache. Vor allem in der Stadt kommt der Wind zwischen den Straßenzügen und in großen Innenhöfen so richtig in Fahrt. Pflanzen können den Wind nur bremsen, aber zugig bleibt es trotzdem. Herumwirbelnde Gegenstände werden schnell zur Gefahr, auf und unter dem Balkon.

WINDBESTÄNDIG!

SONNENSCHIRM MIT DOPPELFUNKTION. Stabil verankerte Sonnenschirme schützen nicht nur vor Sonne, sondern auch vor Wind.

Windrobuste Pflanzen sind kompakte, **NIEDRIGE BLUMEN** mit kleinen, festen Laubblättern und kleinen, einfachen Blüten, wie z. B. Thymian, Zauberglöckchen und hängende Glockenblumen.

Ein bisschen **WIND IST GUT**: Bei stehender Luft breiten sich Schädlinge und Pilzkrankheiten bei vielen Balkonpflanzen schneller aus. Ein laues Lüftchen verhindert das.

STANDSICHER: Füllen Sie vor dem Bepflanzen eine Schicht Kies und Blähton in die Töpfe. Der macht den Topf schwerer, sodass er stabiler im Wind steht. Zusätzlich haben Sie eine gute Dränage.

SERVIETTEN, DIE ZUM NACHBARN fliegen? Stuhlkissen auf dem Boden? Mit durchdacht platzierten Sonnenschirmen wird auch störender Wind abgehalten. Achten Sie auf eine stabile Verankerung. Zum Beispiel können Sie den Sonnenschirm mit einem Karabinerhaken am Geländer sichern. Auch Möbel und Pflanzgefäße können so gesichert werden, dass sie dem Wind trotzen.

BLICKFANG?

PRIVATSPHÄRE IST WICHTIG, aber billige Verkleidungen für das Geländer in knalligen Farben sind selten ein schöner Anblick – von außen und von innen.

Billiges Plastik verträgt keine intensive Sonneneinstrahlung! Durch die UV-Strahlen wird es **SPRÖDE** und reißt dann sehr schnell.

Nicht alles ist erlaubt. Von außen sichtbarer Sichtschutz am Balkongeländer, der die Fassadenwirkung **BEEINTRÄCHTIGT**, muss von der Eigentümergemeinschaft oder dem Vermieter genehmigt werden.

FARBIGE KUNSTSTOFFBAHNEN oder bunte Plastikschilfmatten wirken schon durch die intensive Farbe aufdringlich. Wenn Ihre Nachbarn dann auch noch andere Knallfarben an ihrem Balkon anbringen, sieht die Fassade schnell wie eine Villa Kunterbunt aus. Auch nicht gut: Die weißen Streifen bunt-weiß gestreifter Sichtschutzmatten werden schnell grau und schmutzig.

BLICKDICHT!

DEZENTE, UNAUFDRINGLICHE FARBEN und natürliche Materialien fügen sich viel besser in das Erscheinungbild der Hausfassade ein.

Mit fast jeder Fassadenfarbe **HARMONIEREN** Sichtschutzmatten in hellen Grau-, Sand- oder Grüntönen. Eine Farbe reicht vollkommen.

Wenn Sie sich für Gräser als Sichtschutz entscheiden, auf den Wuchs achten: Wählen Sie nur Gräser mit „Knoten" an der Basis wie **LAMPENPUTZERGRAS**, sie knicken bei Wind nicht so schnell wie z. B. Chinaschilf.

MATTEN AUS NATURMATERIALIEN wie Bambus und Schilf sind ideal für den Balkon. Sie sind sehr langlebig, und straff befestigt bieten sie einen guten Sichtschutz. Wenn Sie die fortschreitende Verwitterung der natürlichen Materialien nicht stört, können diese Matten mehrere Jahre auf dem Balkon bleiben. Kunststoffmatten sollten einfarbig und aus hochwertigem, robustem Material sein.

ZURÜMPELN?

IM WOHNZIMMER MÖGEN sie gemütlich sein, auf dem Balkon haben ausladende Möbel nichts verloren.

IST DER PLATZ BEGRENZT, lassen klobige Sessel, Schaukelstühle und große Tische den Balkon trotz Blumenpracht schnell wie eine Rumpelkammer aussehen. Lackierte Möbel und Möbel aus Plastik werden spätestens nach dem zweiten Winter im Freien rissig und spröde. Große Loungemöbel aus Kunststoffrattan sehen zwar gut aus, sind aber ungeheuer voluminös und verschwenden viel Platz.

ZUKLAPPEN!

KLAPPMÖBEL SIND DIE Wunderwaffe des Balkongärtners im Kampf gegen den allgegenwärtigen Platzmangel.

Wenn die Klappstühle quietschen oder schwer zu handeln sind: **NÄHMASCHINENÖL** ist ideal für Scharniere jeglicher Art.

DEKO-TIPP:

Auf dem Flohmarkt finden Sie häufig alte oder nostalgische Klappstühle, die mit ein bisschen frischer Farbe und geölten Scharnieren wieder gut aussehen.

GUT VERARBEITETE KLAPPSTÜHLE sind bequem und klemmen auch nach häufigem Gebrauch nicht. Achten Sie beim Kauf auf Sitzkomfort (Probesitzen ist ein Muss!), ein geringes Gewicht und einfache Reinigung. Auch Tische gibt es zusammenklappbar. So können Sie die Möbel nach Ihren Bedürfnissen aufstellen oder wegräumen und platzsparend verstauen.

EINÖLEN?

„HOLZMÖBEL IM FREIEN soll man regelmäßig einölen" – so lautet die übliche Meinung. Kann man, muss man aber nicht.

Wird doch geölt, können Sie statt **TEUREM TEAKÖL** auch Leinöl verwenden. Leinöl kostet nur wenige Cent, und was übrigbleibt, kann in der Küche weiterverwendet werden.

ACHTUNG!

Leinöllappen können sich durch Oxidation selbst entzünden, daher immer in verschlossenen Schraubgläsern aufbewahren.

GANZ SCHÖN VIEL ARBEIT: Zunächst schleifen Sie die Holzmöbel ab, eventuell vorhandene Lacke müssen auf jeden Fall runter. Mit einem weichen, fusselfreien Lappen oder Pinsel tragen Sie dann das Öl nicht zu sparsam auf, aber so, dass es nicht tropft, später gehen Sie noch mal rüber. Bis das Öl eingezogen ist, vergehen ein bis zwei Tage, in denen Sie die Möbel nicht benutzen können.

SILBERPATINA!

ABWISCHEN UND ABFEGEN, mehr müssen Sie nicht tun. Möbel aus Hartholz setzen im Laufe der Zeit eine schöne silbergraue Patina an.

Achten Sie bei Teak und anderen exotischen Hölzern auf das FSC-Siegel. Damit gehen Sie sicher, dass das Holz aus **NACHHALTIGER** Bewirtschaftung stammt.

DEKO-TIPP:
Mit Kissen machen Sie es nicht nur bequemer, sondern schonen auch die Oberfläche des Stuhls. Polster in natürlichen Farben, passend zu den Pflanzenblüten, sehen besonders schön aus!

DIE ARBEIT KÖNNEN SIE SICH SPAREN: Die meisten Harthölzer haben von Natur aus einen hohen Gehalt an natürlichen Ölen, die sie vor Zersetzung schützen. Teakmöbel können daher jahrzehntelang im Freien stehen. Weitere Harthölzer sind Eiche, Esche und das tropische Bangkirai. Diese Hölzer haben eine besonders hohe Lebensdauer und eignen sich auch für den Bodenbelag.

DRAUSSEN LASSEN?

KISSENTRUHEN SIND NUR auf den ersten Blick praktisch.

SCHIMMLIGE KISSEN? Nicht ganz regendichte Truhen eignen sich immer noch zur Aufbewahrung von Gießkannen, Flüssigdünger, Kerzen oder Windlichtern.

ACHTUNG!

Kissen mit Schaumstofffüllung bleiben nach einem Regenschauer lange nass.

1000 € FÜR TROCKENE KISSEN? So teuer ist eine wirklich regendichte Truhe. Und Kissen sollten Sie darin trotzdem nicht verstauen: Polster können in einer luftundurchlässigen Kissentruhe bei längerer Lagerung stockig oder muffig werden und sogar schimmeln. Wo feuchte Luft nicht rein kann, kann sie eben auch nicht raus. Außerdem nehmen Truhen auf dem Balkon viel zu viel Platz weg.

REINRÄUMEN!

DIE LÖSUNG KLINGT BANAL: Die Kissen abends in die Wohnung räumen!

Robuste Kissen für draußen können Sie leicht **SELBER NÄHEN**. Schaumstoff gibt's im Bastelladen, Outdoor-Stoffe, die besonders wetterbeständig sind, finden Sie im Internet.

BILLIGER + BESSER

EXTRA-TIPP: Kissen mit Kunststoffflockenfüllungen sind waschbar und trocknen schnell.

VERSTAUEN SIE IHRE KISSEN und Polster in einem Schrank oder einer Truhe neben der Balkontür. So haben Sie sie griffbereit und schnell rausgeräumt, sobald sich die Sonne zeigt, aber auch zügig am Abend oder bei Regen ins Trockene gebracht. Und die Versuchung, sie abends aus Bequemlichkeit im Freien zu lassen, ist gering. Schon wieder eine Menge Geld gespart!

LICHT!

AUCH OHNE STROMANSCHLUSS auf dem Balkon können Sie Licht ins Dunkel bringen.

FACKEL: Die flackernde Flamme sorgt für urige Stimmung. Achten Sie auf die Rauch- und Rußentwicklung.

TONTÖPFE: Einfach genial. Teelichter in kleinen Tontöpfen tauchen den Balkon am Abend in warmes Licht.

SOLARLEUCHTEN: Es gibt Modelle zum Hängen, Stecken, einzeln oder mehrere hintereinander geschaltet. Wählen Sie aus verschiedenen Farben Ihre Lichtstimmung.

Es ist Sommer, die Nacht lauwarm, über Ihnen die Sterne – eine wohlige Stimme flüstert fragend und doch suggestiv in Ihr Ohr, ob es **NOCH ROMANTISCHER** sein könnte? Klare Antwort: Ja! Das richtige Licht fehlt. Kerzen oder auch eine urige Petroleumlampe tauchen den Balkon in ein warmes Licht. Nahezu alle Gefäße lassen sich zu Windlichtern umfunktionieren.

GLASVASEN: Große Glasvasen lassen sich problemlos als Windlicht nutzen. Die Kerzenflamme darf nur nicht zu nah am Glas sein, sonst springt es durch die Hitze.

WINDLICHT: Ein Windlicht, eine dicke Kerze: Fertig ist die romantische Stimmung auf dem Balkon.

DEKO-TIPP:

Bekleben Sie alte Marmeladengläser o. ä. mit bunten Transparentpapier-Stücken. Tapetenkleister eignet sich dafür prima. Teelicht rein, fertig ist das kreative Windlicht.

FACKELN, WINDLICHTER UND SOLARLEUCHTEN funktionieren ohne Steckdose. Denken Sie dabei aber auch an Ihre Nachbarn. Fackeln und Kerzen können rußen, einige Solarlampen scheinen die ganze Nacht – auch in fremde Fenster. Lassen Sie Fackeln, Kerzen und Tischfeuer nie unbeaufsichtigt brennen. Heruntertropfendes Wachs von Fackeln und Kerzen hinterlässt schwer entfernbare Flecken auf dem Boden, egal ob der aus Holz, Fliesen oder Beton ist.

STILMIX?

NICHT ALLES, WAS sich im Laufe der Zeit an Deko und Accessoires ansammelt, passt zusammen oder gefällt auch noch in der nächsten Saison.

Ton, Plastik, Holz, Metall und Pappmaché, Glas und Seidenblumen – bei dem **MATERIALMIX** passt nichts zusammen. Viele verschiedene Farben und Muster machen das Chaos perfekt.

ÜBER GESCHMACK LÄSST sich zwar nicht streiten, aber es hat schon seinen Grund, warum man in Gartenmöbelmagazinen und Gartenzeitschriften keine tollen Balkone mit Terrakotta-Igeln, Plastikengeln und bunten Windrädchen in quietschigen Farben sieht. Statt den Balkon mit kitschigen Figuren vollzustellen: Lassen Sie lieber Ihre Pflanzen den Deko-Part übernehmen.

STILVOLL!

MÖBEL IN NEUTRALEN FARBEN, ausgewählte Deko, die Pflanzen setzen Farbakzente. So entsteht Harmonie auf dem Balkon.

DEKO-TIPP:
Entscheiden Sie sich für ein Gestaltungsthema – maritim oder exotisch, mediterran oder nordisch – und bleiben Sie konsequent dabei!

Natürliche Deko-Artikel harmonieren mit Ihren Pflanzen, bleiben **DEZENT** im Hintergrund, aber tragen dennoch zur Stimmung auf dem Balkon bei.

BESCHRÄNKUNG AUF DAS WESENTLICHE ist angesagt. Wählen Sie neutrale Farben für den Boden und die Balkonmöbel. Dazu lassen sich Pflanzen und Deko-Elemente nach Belieben kombinieren. Stellen Sie lieber wenige ausgesuchte Objekte auf Ihren Balkon, als ein quirliges Sammelsurium. Und: Es ist okay, Geschenke, die man nicht mag, nicht aufzustellen…

BALKONHELFER

WAS BRAUCHE ICH UNBEDINGT? Mit der richtigen Grundausstattung an Werkzeug und Geräten kann es losgehen.

KLEINE HANDSCHAUFEL: Achten Sie auf einen festen Griff.

MÜLLSÄCKE: Profan aber reißfest.

GARTENSCHEREN: Gibt's für Links- und Rechtshänder.

HANDSCHUHE: Statt Gartenhandschuhen kann man auch Einmalhandschuhe aus Latex benutzen. Die haben den Vorteil, dass oben keine Erde reinfällt.

VIEL IST ES NICHT, WAS MAN BRAUCHT. Fürs Einpflanzen benötigen Sie eine kleine Schaufel. Eine Gießkanne aus Kunststoff ist günstig und leicht, aus Metall schöner und langlebiger. Mit einer guten Gartenschere schneiden Sie platzraubende Pflanzen zurück oder welke Blätter ab. Damit Sie Ihre Hände nicht unnötig strapazieren durch Schmutz und spitze Pflanzenteile, tragen Sie Handschuhe. Nicht nur beim Gärtnern entsteht Dreck. Entfernen Sie ihn schnell und unkompliziert mit dem Handfeger oder – wenn alles erledigt ist – mit dem Staubsauger. Schmutz und Pflanzenteile füllen Sie zum Entsorgen in reißfeste Müllbeutel.

BILLIGSCHERE?

2,99 € FÜR EINE GARTENSCHERE? Das Schnäppchen an der Kasse ist verlockend. Bleiben Sie standhaft. Es lohnt sich nicht.

Blasen an den Fingern und **SCHMERZENDE** Hände sind die Folgen billiger Gartenscheren.

ACHTUNG!

Im Plastikgriff oder der Ummantelung finden sich besonders bei Billigscheren oft Weichmacher und andere Schadstoffe. Die können durch die Haut in den Körper dringen und stehen im Verdacht, die Gesundheit zu schädigen.

EINE SCHERE FÜR UNTER 10 € taugt nichts. Bei der einen bricht schon bald der Plastikgriff, bei der anderen schmerzen nach fünf Minuten die Handgelenke, weil der Kraftaufwand sehr hoch ist. Bei Verschleiß finden Sie mit Sicherheit keine Ersatzteile für die Billigschere. Also: Finger weg und lieber etwas mehr investieren. Dann macht das Schneiden sogar Spaß.

QUALITÄTSSCHERE!

EINE GUTE GARTENSCHERE HAT IHREN PREIS und ist diesen auch jeden Cent wert. Sie hält bei guter Pflege fast ein ganzes Gärtnerleben – wie unsere Tests zeigen.

Bei guten Scheren kann man **VERSCHLEISS-TEILE** wie die Klinge und die Feder austauschen.

EXTRA-TIPP:
Wischen Sie die Klinge nach jedem Einsatz mit einem Tropfen Öl ab. Dann bekommt sie keine Rostflecken.

AUSPROBIEREN VOR DEM KAUF! Wie liegt die Schere in der Hand? Es gibt Modelle mit Rollgriffen (gefallen nicht jedem) und Smart-Cut-Mechanismus, bei dem gelenkschonend geschnitten wird. Es gibt auch Linkshänderscheren sowie Modelle für kleine und große Hände. Die günstigsten mit „gut“ bewerteten Scheren kosteten 18 €. Der Testsieger lag bei 40 €.

RANKGERÜST?

SO EIN GERÜST, FIX UND FERTIG aus dem Baumarkt, erschlägt optisch jede zarte Kletterpflanze.

FERTIGE RANKGERÜSTE AUS dem Baumarkt wirken auch noch dicht bewachsen klobig und dominant. Durch die Imprägnierung hat das Holz häufig einen kräftigen Orangeton, der zusätzlich ins Auge sticht. Und trotz der dicken Streben und Leisten fangen die meisten schon nach einer Saison an zu wackeln und sind dann alles andere als ein Halt für die Pflanze…

SEILE SPANNEN!

SO KLETTERN SIE VIEL BESSER: Spannseile aus verzinktem Metall verschwinden unter der Blütenpracht.

Die Drähte werden mit Dübeln und Schrauben in der Fassade verankert. Im **BAUMARKT** gibt es alles für insgesamt ca. 12 €.

Einen „kühlen Fuß“ und den „Kopf“ in der Sonne, die **CLEMATIS** mag es so. Die Töpfe dürfen keine direkte Mittagssonne abbekommen. Achten Sie beim Kauf darauf, ob es sich um schnittverträgliche Sorten handelt, die im Spätsommer noch einmal blühen.

Kletterpflanzen werden in hohen, schmalen Töpfen verkauft und sind meist schon 50 cm hoch. Führen Sie die Triebe **NACH DEM EINTOPFEN** an die Rankhilfe, ggf. als Starthilfe festbinden.

EDELSTAHLSEILE SIND IDEALE Kletterhilfen für Clematis, aber auch Blauregen, Geißblatt und alle anderen schlingenden oder mit Blattranken kletternden Gewächse. Sie sind kaum sichtbar und werden durch die Rankpflanzen nahezu komplett verdeckt. Sie halten auch bei Wind das Gewicht der Pflanzen aus, vorausgesetzt, sie sind gut in der Wand oder am Geländer verankert.

SCHLAMMSCHLACHT?

DEN BALKON NASS WISCHEN ist meist keine gute Idee. Sie haben am Ende noch mehr Arbeit als vorher.

Einmal fleckig – immer fleckig. Beim Putzen entstandene **WASSERRÄNDER** bekommen Sie aus Holzfliesen fast nicht mehr raus.

BESSER NICHT!

Die Reinigung mit einem Hochdruckreiniger vertragen viele Böden nicht. Bei Algenbefall geifen Sie besser zu biologischem Algenentferner.

DAS WASSER VERMISCHT SICH mit dem Dreck und statt Sauberkeit haben Sie eine Schlammpfütze auf dem Balkon. Holz im Freien verträgt sich außerdem nicht mit handelsüblichen Parkett- oder Holzbodenreinigern und bekommt schnell Flecken und Streifen. Auch bleiben an raueren Oberflächen leicht Flusen des Wischmopps hängen – Lästiges Fusselpulen ist dann angesagt.

TROCKEN UND SAUBER!

MIT DEM STAUBSAUGER können Sie den Balkon viel schneller und unkomplizierter sauber halten.

BEIM SAUGEN WERDEN Schmutz und Dreck – egal ob Frühstückskrümel oder Blumenerdereste – zwischen den Holzfliesen oder Planken gleich mit entfernt. So bekommen Sie in null Komma nichts einen blitzsauberen Balkon. Auch Dreck zwischen Kübeln lässt sich mit dem blanken Rohrende unkompliziert entfernen. Und da nichts nass wird, gibt's auch keine Wasserränder oder Flecken.

Kasten, Topf und Kübel

Die Auswahl der richtigen Pflanzgefäße für den Balkon ist besonders wichtig. In windiger Höhe, zwischen den im Sommer aufgeheizten Mauern und im winterlichen Frost sind nicht nur die Pflanzen herausgefordert. Auch die Gefäße müssen die Bedingungen aushalten. Die Auswahl an Töpfen, Kübeln und Kästen ist riesig. Wie Sie die besten Gefäße für Ihren Balkon finden, lesen Sie auf den nächsten Seiten.

TOPF IST NICHT GLEICH TOPF

Welcher Topf ist der richtige für den Balkon? Sonneneinstrahlung und Frost strapazieren das Material, der Platzmangel bestimmt über die Größe des Gefäßes. Auch Farbe und Verdunstungseigenschaften spielen eine Rolle. Und auch noch das: Giftstoffe im Material oder Rost können Pflanzen krank machen. Und nicht zuletzt ist Ihr Budget entscheidend für die Auswahl des Gefäßes. Wer hätte gedacht, dass Pflanzgefäße so kompliziert sein können? So schwierig ist die Entscheidung aber nicht!

MATERIAL

Gefäße aus Titanzink sind sehr gut geeignet für den Balkon. Sie halten eisige Temperaturen genauso wie starke Sonneneinstrahlung aus, sind robust, wasserundurchlässig und in fast jeder Größe erhältlich. Leider sind sie meist sehr teuer und werden nur selten im Baumarkt verkauft. Bei kleinem Budget lohnt sich der Besuch eines Flohmarkts oder bekannter Secondhand-Börsen im Internet. Dort gibt es häufig alte, aber besonders schöne Zinkwannen und Ähnliches zu erstehen. Dickwandige, hochwertige Kunststoffgefäße sind ebenso gut geeignet. Mehr zu den verschiedenen Materialien lesen Sie auf den Seiten 48 bis 51.

FORM

Natürlich kaufen Sie den Pflanztopf, der Ihnen am besten gefällt. Aber schon die Entscheidung zwischen runden und eckigen Töpfen hat Auswirkungen: Eckige Gefäße können Sie platzsparend nebeneinanderstellen – vor allem bei kleinen Balkonen eine wichtige Überlegung. Töpfe, die nach oben hin breiter werden oder gleichmäßig geformt sind, haben den Vorteil, dass beim Herausnehmen der Pflanze die Wurzeln nicht beschädigt werden. Hochwachsende

Pflanzen werden in hohen Töpfen mit kleiner Stehfläche schnell zum Hebel und fallen bei Wind um. Wenn Sie Gefäße mit denselben Maßen aneinanderreihen, entsteht ein einheitliches Bild. So glänzt nicht der Topf, sondern die Pflanze darin! Weitere Infos auf den Seiten 54 bis 59.

ABSTÄNDE

Der richtige Abstand zwischen den Gefäßen hängt von den Pflanzen ab, die in ihnen wachsen. Stauden wie das große Schleierkraut oder Sommerblumen wie der Duftsteinrich hängen weit über den Gefäßrand hinaus. Ein Abstand von 40 bis 50 Zentimetern ist empfehlenswert, sonst sieht's gequetscht aus. Bei größeren Gehölzen kann der Abstand zwischen den Pflanzgefäßen auch noch größer sein, ohne dass es leer auf Ihrem Balkon aussieht. Auch gut: Größere Abstände erschweren Krankheiten und Schädlingen, sich von Pflanze zu Pflanze auszubreiten.

DRÄNAGE

Achten Sie bei Pflanzgefäßen auf Entwässerungslöcher, die Staunässe und Fäulnis verhindern. Auch wenn's so schön einfach ist: Übertöpfe eignen sich nicht zum direkten Bepflanzen!

Die Entwässerungslöcher müssen nicht zwangsläufig auf der Unterseite angebracht werden. Solange sie sich außerhalb des Wurzelbereichs befinden, können sie auch im unteren Bereich der Rückwand gebohrt sein. Damit wird ein kleines Wasserreservoir gebildet, ohne dass Fäulnis oder Staunässe den Pflanzen zusetzt. Mehr zum Thema auf den Seiten 52/53 und 89.

WASSERRESERVOIRS

Klingt nach einer guten Idee: Pflanzgefäße mit Wasserreservoir speichern das Wasser im unteren Bereich. Ein Wasserstandsanzeiger zeigt, wann nachgefüllt werden muss. Aus Zeitmangel wird jedoch häufig vergessen, den Wasserstand zu kontrollieren und die Pflanze wird ihrem Schicksal überlassen. Im Herbst und Winter, wenn die Pflanzen nicht so durstig sind, staut sich dann das Wasser. Es kommt zu der für die meisten Pflanzen schädlichen Staunässe. Fäulnisgeruch entsteht und eine Pflege von ausdauernden Pflanzen oder gar Blumenzwiebeln ist praktisch unmöglich.

TIPP: Stellen Sie die Gefäße auf rund 2 cm hohe Holzplättchen. **So verhindern Sie, dass sich der Fußboden verfärbt.** Überschüssiges Wasser kann auch leichter abfließen. Außerdem können Sie dann **mit dem Staubsauger** Erdkrumen, Blätter oder anderen Schmutz unter den Pflanzgefäßen einfach entfernen.

TOSKANA?

TÖPFE AUS TERRAKOTTA verbreiten mediterranes Flair. Aber leider überstehen sie in Deutschland häufig nicht den Winter.

Wenn es Terrakottatöpfe sein sollen, verwenden Sie sie als **ÜBERTÖPFE**. Die Pflanze setzen Sie in einen Topf aus Kunststoff.

Salzschaden statt mehr Wachstum: **WURZELSCHÄDEN** entstehen, weil Feuchtigkeit durch die Topfwand verdunstet und die Nährsalze des Düngers sich in der Erde sammeln.

Weil Gießwasser durch die Wand verdunstet, entstehen **KALKABLAGERUNGEN**. Zum Entfernen den Topf länger in eine Wasser-Essig-Lösung (Verhältnis 20 : 1) legen, dann mit einer Bürste reinigen.

ACHTUNG!

Ein großer, befüllter Terrakottatopf kann über 70 kg wiegen. Bei Neubauten gibt es da selten ein Problem, die Balkone halten nach DIN 500 kg/m² aus. Aber Balkone an Altbauten sind noch nicht nach Norm gebaut!

SIE SIND ZWAR SEHR HÜBSCH, aber auch ebenso unpraktisch. Terrakottatöpfe sind schwer und zerbrechen leicht. Durch die porösen Wände verdunstet viel Wasser, man muss häufiger gießen und der Wurzelballen kühlt aus. Bei uns überstehen viele Tontöpfe den Winter nicht – Frost lässt sie zerspringen. Als frostfest deklarierte Töpfe überstehen oft nur mediterrane Winter.

KUNSTSTOFF!

BEI PFLANZTÖPFEN IST KUNSTSTOFF die bessere Wahl als das Naturmaterial.

Gute Qualität macht sich bezahlt: **UNZERSTÖRBARE** Töpfe erhalten Sie ab ca. 20 € (9 Liter). So haben Sie auch auch in der nächstem Saison noch einen schönen Topf.

Gute Kunststofftöpfe halten Temperaturen bis zu –60 °C aus, sie sind **UV-BESTÄNDIG**, bleichen also nicht aus und zerbeulen oder zerbrechen nicht, wenn sie mal umfallen.

PERFEKT!

Ein 26 cm hoher Kunststofftopf mit einem Durchmesser von 30 cm wiegt nur ein halbes Kilo. Ein vergleichbarer Topf aus Terrakotta wiegt das Zwölffache.

STABIL, LEICHT, wasserundurchlässig und frostsicher. Was will man eigentlich mehr? Pflanzgefäße aus hochwertigem Kunststoff haben viele Vorteile. Es sind alle Formen und Farben möglich, das Material ist leicht und einfach zu pflegen. Und zu fast jedem Modell gibt es passende Untersetzer, die im Gegensatz zu solchen aus Ton wirklich wasserdicht sind.

GEFÄSSE

JEDES MATERIAL hat seine Vorzüge und Schwächen.

KERAMIK
Vorteile: Serien im selben Design ergeben ein harmonisches Gesamtbild, individuell.
Nachteile: Nicht immer frostfest, schwer, bei Beschädigung ist Ersatz schwierig.

ETERNIT
Vorteile: Dezentes Design, 60er-Jahre-Charme, in vielen verschiedenen Formen.
Nachteile: Nur im spezialisierten Handel erhältlich, schwer, Untersetzer kaum zu bekommen, geht leicht kaputt, früher wurde Asbest bei der Herstellung verwendet.

METALL
Vorteile: Schöne Patina, robust.
Nachteile: Rost schädigt die Pflanzen. Rostspuren auf dem Balkonboden gehen schwer raus.

TERRAKOTTA/TON
Vorteile: Durch den Braunton passt Terrakotta zu allen Farben; Töpfe sind in vielen Formen erhältlich, standsicher.
Nachteile: Schwer, zerbrechlich, hohe Verdunstung, Pflanzen müssen so häufiger gegossen werden, nicht immer frosthart.

TITANZINK
Vorteile: Individuell anfertigbar, leicht, stabil, graue Patina, lange Lebensdauer.
Nachteile: Sehr teuer. Günstigere und damit dünnwandigere Gefäße beulen leicht aus.

KUNSTSTOFF
Vorteile: Preisgünstig, leicht, formstabil, viele Farben und Formen, wasserundurchlässig, daher keine Verdunstung.
Nachteile: Bei billigem Plastik bleicht die Farbe aus, helle Farben werden schnell schmutzig, verformen sich, werden mit der Zeit spröde und zerbrechen.

HOLZ
Vorteile: Individuell gestaltbar, passt zu vielen Stilen.
Nachteile: Verrottet mit der Zeit, schwer, muss imprägniert und daher im Sondermüll entsorgt werden.

DIE BESTE WAHL: Günstige Zinkgefäße vom Flohmarkt oder maßangefertigt vom Schlosser – individuell und lange haltbar.

ES GIBT VIEL MEHR

Materialien für Pflanzgefäße, als man sich zunächst vorstellen kann. Zudem variieren Optik, Haltbarkeit und Preis auch innerhalb der einzelnen Materialgruppen erheblich. In der Regel gilt auch hier: Wer billig kauft, kauft zweimal. Wer Geld sinnvoll sparen möchte, schaut sich auf Flohmärkten um und kauft Secondhand-Ware. Alte Kannen, Kochtöpfe oder Gläser können toll aussehen. Dränagelöcher in Gläser bohren Sie (sehr vorsichtig und langsam) mit einem Steinbohrer. Wer auf einen Vintage-Look steht, kann es auch mal mit ausrangierten Schuhen probieren. Auch hier: Abzugslöcher in die Sohle!

WASSERSTAU?

ÜBERTÖPFE SIND SCHICK, können den Pflanzen aber auch richtig schaden.

Achtung! Auch in Übertöpfen sammelt sich Wasser, z. B. bei **REGEN** und zu großzügigem Gießen. Legen Sie unter den Pflanztopf ein paar Steine in den Übertopf, dann stehen die Wurzeln nicht direkt im Sumpf.

Überschüssiger Dünger kann nicht abfließen, sodass es zu **ÜBERDÜNGUNG** kommt. Stehendes, faulendes Wasser im Topf raubt den Pflanzen den Sauerstoff!

AUF DEN ERSTEN BLICK erscheint es verlockend: Man hat einen schönen Topf, die Pflanze passt hinein und man muss sich keine Gedanken machen über Schmutz durch Wasser, das nach dem Gießen unten aus dem Topf herausläuft. Der Pflanze gefällt dies aber gar nicht, denn das Wasser staut sich unten im Topf, es kommt zu Fäulnis und Sauerstoffmangel und die Pflanze geht ein.

DURCHFLUSS!

ACHTEN SIE immer auf genügend Abzugs- oder Dränagelöcher in allen Pflanzgefäßen, egal ob Töpfe, Kästen oder Kübel.

Keine Staunässe, keine Überdüngung! Je mehr Dränagelöcher, desto **BESSER**. Vergessen Sie aber nicht die Stabilität des Topfes! Legen Sie Tonscherben über die Löcher, damit keine Erde ausgeschwemmt wird.

Kontrollieren Sie die **LÖCHER** hin und wieder, sie können zuwachsen und von Wurzeln verstopft werden.

PERFEKT!

Mit einer Dränageschicht kann Wasser noch besser abfließen. Wie man eine Dränageschicht macht, lesen Sie auf Seite 89.

MIT DRÄNAGELÖCHERN kann Staunässe gar nicht erst entstehen. Viele Menschen sträuben sich dagegen, dem schönen Emaille-Eimer vom Flohmarkt mit der Bohrmaschine zu Leibe zu rücken und ihn durch Löcher im Boden „kaputt" zu machen. Es geht aber nicht anders, wenn er ein Pflanztopf sein soll. Gegen auslaufendes Gießwasser gibt es Untersetzer und Übertöpfe.

EWIG GEFANGEN?

ERST NACHDENKEN, DANN PFLANZEN: Bauchige Töpfe sind der Umtopfhorror.

Sollen Topf und Pflanze gerettet werden, kann man versuchen, mit einem langen Messer den Ballen senkrecht entlang der Topföffnung einzuschneiden und die Pflanze dann **HERAUSZUZIEHEN**. Ein Rückschnitt der Triebe ist dann wichtig, da ja auch weniger Wurzeln vorhanden sind.

DIE PFLANZE WÄCHST, DIE WURZELN AUCH. Und schon füllen sie das Erdvolumen aus. Wenn Sie nun die Pflanze aus dem Topf herausholen wollen, lässt sich der Ballen bei bauchigen Gefäßen nicht mehr durch die Topföffnung ziehen. Entweder man muss den Topf zerschlagen oder den Ballen mühselig rausschneiden – ob die Pflanze diese Tortur überlebt, ist dann eine andere Frage.

FÜR IMMER FREI!

TOPF, PFLANZE UND BALKONGÄRTNER geht es gut, wenn gleichmäßig geformte Töpfe benutzt werden.

DIE PFLANZE KÖNNEN SIE LEICHT samt Wurzelballen aus dem Topf ziehen, ohne dass die Wurzeln Schaden nehmen. Auch der Topf bleibt erhalten und kann wiederverwendet werden. Wenn Sie auf einen bauchigen oder kugelförmigen Topf nicht verzichten möchten, nutzen Sie diesen einfach als Übertopf und setzen Sie die Pflanze in einen einfachen Pflanztopf aus Kunststoff.

WACKLIG?

HOHE TÖPFE MIT breiter Öffnung und kleiner Standfläche sehen elegant aus …

Hohe Gefäße stehen nicht nur unsicher, sie müssen auch noch mit unnötig viel Erde befüllt werden. Das macht die Pflanzenpflege **AUFWENDIGER**, da Sie häufiger gießen und mehr düngen müssen.

Ganz und gar **UNNÖTIG**: Es gibt nur sehr wenige Pflanzen, wie z. B. Rosen, die wegen ihrer Wurzeln in hohe, schlanke Gefäße gesetzt werden müssten.

Tontöpfe, aus denen beim **STURZ** Stücke herausgebrochen sind, können Sie mit Fliesenkleber oder anderem Flüssigkleber wieder flicken.

ACHTUNG!

Hochstämmchen mit ihren buschigen Kronen und dünnen Stämmen kippen besonders leicht um.

JE HÖHER DER SCHWERPUNKT EINES TOPFES ist, desto wackeliger steht er. Da reicht schon ein leichter Windstoß oder ein Streifen beim Vorbeigehen, und Topf und Pflanze kippen um. Wer nicht auf solche Töpfe verzichten möchte, kann schwere Steine auf den Topfboden legen, bevor die Pflanze eingesetzt wird. Eine Dränageschicht aus Kies oder Blähton macht den Topf auch schwerer.

STANDFEST!

NIEDRIGE TÖPFE STEHEN sicher und übertrumpfen nicht Ihre Pflanzen.

IN DIESEM FALLE GILT der Designgrundsatz: Form follows function. Töpfe sollten in erster Linie für den Balkon und die Pflanze passend sein. Wenn Sie wollen, dass die Pflanzen höher stehen, stellen Sie sie auf einen kleinen Tisch oder pflanzen Sie sie in Kästen auf der Balkonbrüstung. Übrigens: Rechteckige Töpfe kippen nicht so leicht wie solche mit runder Grundfläche.

PLATZ VERSCHWENDEN?

MIT DEM RUNDEN INS ECKIGE: Mit dieser Weisheit landen Sie auf dem Balkon keinen Treffer.

WENN SIE VIELE RUNDE TÖPFE auf dem Balkonboden oder in der Kastenhalterung nebeneinander aufstellen, verschenken Sie viel Platz und damit auch potenziellen Wurzelraum. Außerdem sammelt sich zwischen den Töpfen schnell Schmutz, beim Gießen läuft Wasser daneben. In den „Höhlen" zwischen größeren Gefäßen sammeln sich Laub und Wildkrautsamen.

QUADRATISCH GUT!

BALKONGÄRTNER HABEN IMMER ZU WENIG PLATZ.
Deswegen ist die Devise: Sparen, wo es nicht wehtut.

Optimale Platzausnutzung ist vor allem auf kleinen Balkonen wichtig. Eckige Töpfe sind in der Regel **WENIGER AUFFÄLLIG**, die Pflanze rückt in den Mittelpunkt. Nachteile gibt es auch: Eckige Übertöpfe sind eher selten.

100 % GENUTZT: 12 quadratische Töpfe in einem maßgeschneiderten rechteckigen Topf füllen 0,5 m² vollständig aus!

TÖPFE MIT QUADRATISCHEN oder Kästen mit rechteckigen Böden lassen sich dicht an dicht neben- und hintereinander stellen. Auch der Platz in den Ecken lässt sich so perfekt ausnutzen. Mit maßgefertigten Gefäßen kann man auch Nischen bepflanzen, die man sonst nicht nutzen könnte. Und das Gießen geht schneller, da nicht so viel Wasser zwischen den Töpfen durchlaufen kann.

LUFTNUMMER?

MACHEN SIE SICH das Balkongärtnern nicht unnötig schwer: Pflanzen in Hängetöpfen sind total unpraktisch.

Besser: Mit Kletterpflanzen können Sie die **DRITTE DIMENSION** erobern. Clematis und der Schlingknöterich ranken an verzinkten Metallseilen in die Höhe und blühen auch in Kopfhöhe. Sie sind einfach zu pflegen und man stößt sich nicht den Kopf. Mehr dazu auf denSeiten 40/41.

BESSER NICHT!

Hängetöpfe mit Wasserreservoir müssen regelmäßig kontrolliert werden, sonst droht Schimmel.

IN HÄNGETÖPFEN TROCKNEN PFLANZEN schnell aus, da das Topfvolumen im Verhältnis zur Pflanzenmasse recht klein ist, sie lassen sich schlecht gießen und meist ist eine Überschwemmung der Umgebung unvermeidlich. Außerdem stößt man sich den Kopf leicht, wenn sie in einem Durchgang hängen. Hängt man sie höher, kommt man zum Gießen nicht mehr ran.

BODENSTÄNDIG!

PFLANZEN WACHSEN FAST immer von unten nach oben. Das sollte man ihnen auch auf Balkon und Terrasse ermöglichen.

Sie müssen auf Hängepflanzen nicht verzichten. Mit ihren langen Trieben eignen sie sich als **RANDBEPFLANZUNG** großer und hoher Gefäße, in einem Topf an der Hauswand oder für die Balkonbrüstung. Mehr dazu auf den Seiten 160/161.

PERFEKT!

Pflanze immer im Blick: So können Sie Krankheiten und Schädlinge rechtzeitig erkennen und bekämpfen.

DIE NATUR BIETET EINEN schönen Leitfaden bei der Gestaltung – nicht nur im Garten, sondern auch auf dem Balkon: Die meisten Pflanzen wachsen im Erdboden und hängen nicht zwischen Ästen von Bäumen herab. Wer auf Blumenampeln nicht verzichten möchte, sollte sie mindestens mit zwei Meter Durchgangshöhe aufhängen und das aufwendigere Gießen einplanen.

STRASSENDUSCHE?

NACHBARN EIN STOCKWERK TIEFER sind garantiert nicht darüber erfreut, wenn sie von oben nass werden.

Ist der Topf ganz **AUSGETROCKNET**, ist es besser, ihn in einen großen Eimer Wasser zu tauchen, damit sich die Erde langsam wieder vollsaugen kann.

Läuft ständig Gießwasser auf den Balkon oder die Terrasse unterhalb Ihres Balkons, gibt es ziemlich sicher **ÄRGER MIT DEN NACHBARN.** Nasse Nachbarn und Ihr Vermieter haben das Gesetz auf ihrer Seite.

VOR ALLEM, WENN DAS Pflanzsubstrat trocken ist, passiert es leicht, dass das Wasser anfangs einfach durch die Erde fließt und den Topf durch die Dränagelöcher direkt wieder verlässt. Nur feuchte Erde speichert Wasser und hält es zurück. Bedenken Sie, dass Sie für Verschmutzungen an der Fassade verantwortlich gemacht werden können und Sie für die Reinigung aufkommen müssen.

UNTERSETZER!

EIN UNTERSETZER ODER Übertopf macht Sie in der ganzen Gegend beliebt – bei manchen Pflanzen auch.

So bleibt das Wasser da, wo es hingehört. Untersetzer gibt es meist **PASSEND** zu den Übertöpfen zu kaufen. Passend heißt: etwa zwei Fingerbreit Abstand rundum zum Pflanztopf. Auch Übertöpfe nicht zu knapp kaufen.

NOCH-BESSER-TRICK!

Hängen Sie die Balkonkästen auf die Innenseite des Geländers. Wenn da etwas danebenläuft, ärgert's höchstens Sie selbst.

ÄRGER MIT DEN NACHBARN KANN so leicht verhindert werden. Aber auch mit Untersetzer ist es ratsam, zunächst vorsichtig zu gießen, damit er nicht überläuft, wenn das Wasser durch den Topf fließt. Hier hilft es, in zwei Etappen zu gießen: Die erste, noch sparsame Wassergabe befeuchtet die trockene Erde, die zweite, üppigere sorgt etwas später für ausreichend Wasserspeicher.

GUT VERSICHERT?

BLUMENTOPFBOMBE UND DEKOGESCHOSS?

Balkongärtnern sollte friedlich bleiben.

WER TÖPFE SO AUFSTELLT, DASS SIE herabfallen können und Schäden verursachen, kommt schnell in die Bredouille. Provisorische Sicherungen Marke Eigenbau mit Draht, Schnüren oder anderen Konstruktionen haben am Balkongeländer nichts verloren. Balkonkästen und Töpfe müssen so befestigt sein, dass sie auch durch Sturm oder turnende Katzen nicht herabfallen können.

STURMGESICHERT!

MIT SPEZIELLEN HALTESYSTEMEN und Klammern können Sie Ihre Balkonkästen sicher an der Brüstung befestigen.

Ein einfacher Trick, wie Sie Einzeltöpfe zusätzlich sichern: Fädeln Sie vor dem Aufstellen und Eintopfen einen kunststoffummantelten **BLUMENDRAHT** über den Rand durch das Abflussloch und befestigen sie ihn am Geländer.

Verzinktes oder plastikummanteltes **METALL** statt Plastik: Die Sicherung muss stabil sein.

EINFACH ZU MONTIEREN UND STABIL muss die Sicherung sein, denn ein großer Kasten mit Erde und Pflanzen wiegt locker 20 Kilogramm. Und regennasse große Pflanzen bieten Sturmböen eine gehörige Angriffsfläche. Wer seine Kästen an der Außenseite des Geländers anbringt, geht ein zusätzliches Risiko ein. Am besten nach innen hängen: Kostet zwar Platz, aber sicherer geht's kaum.

Pflanzen auf dem Balkon

Pflanzenpflege muss nicht aufwendig sein. Wenn Sie schon beim Einkauf der Pflanzen einige Tipps beachten, ist der Rest ein Kinderspiel. Wie Sie richtig pflanzen, gießen und düngen, und was zu tun ist, wenn es Probleme mit Krankheiten und Schädlingen gibt, erfahren Sie in diesem Kapitel.

PFLANZENEINKAUF

Pflanzen für den Balkon können Sie fast überall kaufen: im Supermarkt, in der Gartenabteilung von Baumärkten, im Blumenladen oder im Gartencenter, auf dem Wochenmarkt, in Baumschulen und natürlich in Gärtnereien. Viele Pflanzenhändler haben Internetshops. Auf Pflanzenmärkten, in Tauschbörsen oder auch hin und wieder in botanischen Gärten kann man die eine oder andere Spezialität oder Saatgut ungewöhnlicher Sorten erstehen. Spartipp: Pflanzen selbst anziehen! Mehr dazu auf Seite 127.

BAUMÄRKTE UND GARTENCENTER

Das Angebot im Gartencenter und auch im Baumarkt ist groß, aber meistens sind nur die „Standardpflanzen" erhältlich. Allerdings gibt es hier oft Schnäppchen zu erstehen. Da für die Pflege der Pflanzen oft kein Fachpersonal zur Verfügung steht, müssen Sie genau hinsehen. Besonders vor dem Wochenende werden viele Pflanzen „übergegossen" und leiden dann schnell an Wurzelfäulnis. Eine individuelle Beratung bekommt man hier eher selten.

GÄRTNEREI

In der Gärtnerei, die oft auch einen Stand auf dem Wochenmarkt hat, bekommen Sie meist selbst angezogene Jungpflanzen und eine qualifizierte Beratung, was in Ihrer Region sehr gut wächst und was nicht. Da die Pflanzen keinen langen Transport zum Verkaufsort hinter sich haben, sind sie robuster und wachsen schneller an.

BLUMENLADEN

Die Auswahl im Blumengeschäft mag nicht so groß sein, dafür erhalten Sie hier ausgesuchte und handverlesene Pflanzen, und nicht selten auch die eine oder andere wirkliche Besonderheit. Es lohnt sich also, zu Saisonbeginn immer wieder einmal vorbeizuschauen.

SUPERMARKT

Pflanzen aus dem Supermarkt haben meistens lange Transportwege von der Gärtnerei zum Logistikzentrum und dann zum Endverkauf hinter sich. Dunkelheit, zu viel oder zu wenig Wasser, Erschütterungen ... das alles bedeutet Stress pur für die Pflanze. Von einer kompetenten Pflege während der Verkaufszeit kann selten die Rede sein. Oft wachsen solche Pflanzen nur langsam an und entwickeln sich zögerlich. Manchmal macht man aber auch hier ein echtes Schnäppchen.

INTERNET

Die Auswahl im Internet ist nahezu grenzenlos. Hier findet man auch die außergewöhnlichste Rarität. Da man beim Kauf im Internet keine Möglichkeit hat, die Pflanze vorher zu begutachten, muss man sich ganz auf die Kompetenz des Anbieters verlassen. Viele Gärtner bieten mittlerweile einen Versand über ihren Onlineshop an, was bemerkenswert gut funktioniert. Meist werden die Pflanzen nur zu bestimmten Zeiten im Jahr verschickt, wenn sie sich in einer Ruhephase befinden und kein Frost herrscht.

AUF QUALITÄT ACHTEN

Pflanzen in voller Blüte, wie sie in Gartencentern oder Supermärkten angeboten werden, sind sehr verlockend. Sicher kennen Sie die Versuchung, die schon prächtig blühenden Exemplare gleich einzupacken. Aber aufgepasst: Oft sind sie in Gewächshäusern vorkultiviert und blühen zu einem völlig anderen Zeitpunkt, als es ihrem Naturell entspräche. Neben Qualitätsmängeln spielen heute auch die Produktionsbedingungen eine zentrale Rolle: Vom Keimling bis zur ausgewachsenen Pflanze legen vor allem exotische Pflanzen oft einen langen Weg zurück, der nur schwer nachzuvollziehen ist. Fairtrade- und Bio-Siegel sollen Ihnen die Gewissheit geben, dass die Herstellung umweltfreundlich und sozialverträglich abgelaufen ist.

Qualitäts-Check

Egal wo oder wann Sie Pflanzen kaufen, es gibt Merkmale, an denen Sie Qualität erkennen:

Wuchs, Blätter, Triebe: Hat die Pflanze lange, dünne Triebe mit hellen Blättern? Dann stand sie lange zu dunkel und zu warm. Gesunde Pflanzen wachsen kompakt. Blätter und Triebe dürfen keine gelben, braunen oder schwarzen Flecken haben oder verkrüppelt sein. Das deutet auf Krankheits- oder Schädlingsbefall oder falsche Düngung hin.

Blütenansatz: Bei Balkonblumen ist es nicht schlimm, wenn sie keine Knospen zeigen. Schließlich handelt es sich um Jungpflanzen, die noch wachsen müssen.

Topfballen: Wenn der Ballen schwer und nass ist, wurde die Pflanze zu stark gegossen. Durch die Staunässe sterben zarte Wurzeln ab.

Wurzeln: Wachsen lange Wurzeln ringförmig an der Topfinnenseite, steht die Pflanze zu lange im Topf. Die Wurzeln wachsen nur schwer wieder in neuer Erde. Nur zu sehen, wenn Sie die Pflanze im Laden aus dem Topf heben.

EINPFLANZEN UND PFLEGEN

Die Bedingungen auf dem Balkon sind andere als im Garten und in der freien Natur. Klingt banal, macht aber einen riesigen Unterschied: Die Pflanzen wachsen in Töpfen und Kübeln und nicht direkt im Erdboden. Schon beim Einpflanzen gibt es da einige Tricks, wie Sie verhindern, dass die neuen Anschaffungen schon nach kurzer Zeit eingehen. Wir geben Ihnen hilfreiche Tipps rund um die Pflanzenpflege, die gut für die Pflanzen sind und auch Ihnen das Leben leichter machen.

EINPFLANZEN

Setzen Sie die Pflanze gleich nach dem Einkauf in ein Gefäß, das je nach Pflanzengröße 2 bis 8 Zentimeter breiter ist als das alte, und einige Zentimeter höher.
Beim Vorbereiten sorgen Sie zunächst für die Dränage (mehr dazu lesen Sie auf den Seiten 88/89), füllen Sie dann das Gefäß ungefähr zur Hälfte mit stabilem Substrat (siehe Seite 95).
Setzen Sie die Pflanze so ein, dass ein etwa 2 Zentimeter hoher Gießrand stehen bleibt, und füllen Sie die Lücken mit frischer Erde auf. Andrücken nicht vergessen, das stellt den Kontakt zwischen Wurzelballen und neuer Pflanzerde her. Bei kleinen Pflanzen können Sie auch den Kasten komplett mit Erde füllen und dann kleine Mulden graben, in die Sie die Pflanzen setzen.

STANDORT

Es gibt Pflanzen, die Vollsonne vertragen, und solche, die lieber im Schatten stehen. Auf vielen Balkonen müssen Stauden und Gehölze besonders windbeständig sein. Üppig wachsende Exemplare brauchen mehr Platz. Die Infoschilder, die bei neu gekauften Pflanzen oft beiliegen, oder unsere Übersicht ab Seite 210 liefern erste Infos zum richtigen Standort. Der Vorteil von Topfpflanzen: Sie können zumindest kleinere Gefäße leicht umsetzen und den Standort der Pflanze ändern.

GIESSEN

Pflanzen brauchen Wasser zum Wachsen, die einen mehr, die anderen weniger. Tipps zum Gießen finden Sie ab Seite 102. Damit die Wurzeln nach dem Eintopfen schnell in die neue Erde einwachsen, müssen Sie ordentlich angießen. So werden eventuelle Lücken zwischen Wurzelballen und Pflanzerde verschlämmt. Dass sich der Topf für kurze Zeit in einen etwas schlammigen Sumpf verwandelt, ist gewollt und gut so.

DÜNGEN

Ohne Nährstoffe kein Wachstum. Fertige Blumenerde aus dem Plastiksack ist meist schon gedüngt, das reicht für etwa 6 bis 8 Wochen, danach düngt man am einfachsten beim Gießen. Die Dosierungsanleitung zeigt Ihnen, wie viel Sie zum Gießwasser in die Kanne geben müssen. Zu viel Dünger lässt die Wurzeln absterben und damit die ganze Pflanze. Welche Dünger für Balkonpflanzen am besten sind, lesen Sie auf Seite 99.

RÜCKSCHNITT

Viele Pflanzen wachsen üppiger, wenn Sie sie regelmäßig zurückschneiden. Auch wenn Pflanzen zu groß für den Balkon geworden sind, kommt die Schere zum Einsatz. Ein Beschnitt ist immer mit Stress für die Pflanze verbunden, daher sollte man es richtig machen. Zeitpunkt und Schnittstelle sind wichtig. Mehr dazu finden auf den Seiten 112/113.

KRANKHEITEN VORBEUGEN

Kontrollieren Sie hin und wieder die Unterseiten der Blätter und Zwischenräume dichter Triebe. So können Sie erste Anzeichen wie angefressene und verfärbte Blätter oder unerwünschte Besucher wie Blattläuse und Schnecken rechtzeitig erkennen. Bevor sich die Krankheiten oder Schädlinge ausbreiten, ergreifen Sie Gegenmaßnahmen. Weitere Infos finden Sie auf den Seiten 118 bis 121.

WEIT GEREIST?

PRODUZENT UND HERKUNFT unbekannt?
Dann lieber Finger weg!

PFLANZEN, DIE WEITE WEGE ZURÜCKLEGEN, sind nicht gut für die Umwelt und auch nicht für Ihren Balkon. Exotische Pflanzen sind aus ihrer Heimat ein ganz anderes Klima gewohnt, sodass sie bei uns nicht gedeihen. Auch unsere heimischen Balkonblumen werden aus Kostengründen oft im Ausland angezogen. Über die sozialen Standards in den Gärtnereien bleiben wir im Ungewissen.

EINHEIMISCH!

VIELE SPEZIALISIERTE GÄRTNEREIEN ziehen noch selbst an und können so optimal an die Gegend angepasste Pflanzen anbieten.

Regional heißt **„UM DIE ECKE"**! Innerhalb Deutschlands können die klimatischen Bedingungen sehr unterschiedlich sein. In eher trockenen Gebieten werden in den Gärtnereien andere Pflanzen angeboten als in regenreichen Gegenden.

Der Einkauf in der lokalen Gärtnerei ist meistens auch **BESSER FÜR DIE UMWELT**. Kurze Lieferwege sorgen für einen geringeren CO_2-Ausstoß, einheimische Pflanzen, die kein auf tropische Temperaturen aufgeheiztes Gewächshaus brauchen, sparen Energie.

REGIONAL MACHT PFLANZEN STARK. Ein Gärtner, der weiß, welche Pflanzen in seiner Gegend ganz besonders gut gedeihen, kann Sie viel besser beraten und Ihnen genau das verkaufen, was zu Ihnen und auf Ihren Balkon passt. Sind die Pflanzen in Ihrer Region angezogen worden und aufgewachsen, sind sie optimal an das Klima auch auf Ihrem Balkon angepasst.

EINFALT?

EINE GERANIE IST EINE GERANIE ist eine Geranie. Es gibt anderes als die klassische Hänge-Pelargonie, Petunie und Margerite!

Langweilig und etwas **SPIESSIG**: Standard-Balkonpflanzen, symmetrisch angeordnet.

Petunien haben hohe **ANSPRÜCHE**. Sie brauchen kalkarmes Gießwasser und mögen kein Wasser von oben.

BESSER NICHT!
Bei gefüllt blühenden Geranien faulen die Blüten bei längerem Regen; vor allem bei den weißen Sorten.

ROTE GERANIEN, WEISSE PETUNIEN, gelbe Pantoffelblumen und vielleicht noch ein bisschen blauer Männertreu? Im Herbst dann Heidekraut und Tannenreisig? Klassisch nennen es die einen, nostalgisch vielleicht andere, aber im Prinzip ist es langweilig, jedes Jahr aufs Neue. Ein Balkon soll und kann das ganze Jahr abwechslungsreich sein und nicht nur von Mai bis Ende August.

VIELFALT!

PROBIEREN SIE ETWAS NEUES! Jedes Jahr kommen neue, aufregende Arten und Sorten aus den Gärtnereien in den Handel.

Die Liste schöner **BALKONBLUMEN** ist lang: Kapkörbchen, Elfenspiegel, Weißbecher, Wunderblumen, Schneeflockenblumen, Fächerblumen … für jeden Geschmack und in vielen Farben und Formen ist etwas dabei.

Jährlich kürt die internationale Zierpflanzen-Organisation die **SCHÖNSTE** neue Balkonblumenzüchtung. 2016/17 gewann die Begonien-Hybride Miss Malibu.

IN DEN LETZTEN JAHREN hat eine Revolution bei der Züchtung von Balkonblumen stattgefunden. Pflanzensammler und -züchter haben Hunderte neue Arten auf ihre Eignung als Balkonblumen getestet und viele neue Sorten auf den Markt gebracht. Für den langweiligen roten Geranienkasten aus oberbayrischer Postkartenidylle der 1960er gibt es also keine Entschuldigung mehr.

TROTZ ENGE RIESENGROSS

ES GRÜNT SO GRÜN und das mitten in der Großstadt, auf einem Balkon, der wegen seines ungünstigen Schnitts eine echte Herausforderung ist.

PFLEGELEICHT UND UNKOMPLIZIERT:
Ein langer und gleichzeitig schmaler Balkon ist nicht leicht zu gestalten. Große Pflanzen in Töpfen an den Enden verkürzen die Balkonfläche optisch. Ein kleiner Klapptisch und zwei Klappstühle lassen sich zum Gießen schnell beiseitestellen. Fetthennen, Zauberglöckchen und Ziergräser brauchen – bis auf das regelmäßige Gießen – nur wenig Pflege.

MICKRIG?

AUCH OHNE PFLEGE UND AUFMERKSAMKEIT können viele Pflanzen überleben – aber sehen dann sehr mitleiderregend aus.

Blüte trotz Mangels? Viele Pflanzen bilden unter extremem Stress schon vor der eigentlichen Blütezeit eine **„NOTBLÜTE“**, die das Überleben durch Samen sichern soll. Dabei werden alle Energiereserven in die Blütenbildung gesteckt, die Pflanze stirbt nach der Samenbildung ab.

Rettung naht: Wenn die Wurzeln noch intakt sind, lässt sich fast jede **VERNACHLÄSSIGTE** Pflanze wieder aufpäppeln. Alle Blüten und Blütenansätze abschneiden, in stabile Erde umtopfen und regelmäßig gießen und düngen. Ist der Wurzelballen vollständig ausgetrocknet, tauchen Sie ihn so lange in Wasser, bis keine Luftblasen mehr aufsteigen.

VIELE PFLANZEN SIND BEMERKENSWERT zäh und halten Trockenheit, Vernachlässigung, zu viel oder zu wenig Sonne sowie zu wenig Dünger aus. Die hohe Fetthenne ist nicht totzukriegen: Auch bei totaler Vernachlässigung geht sie nicht ein – entwickelt sich aber sehr kläglich. Schön sind die Pflanzen dann nicht, sondern erzeugen ein trauriges Bild auf Ihrem Balkon.

AUFPÄPPELN!

SIE HABEN IHRE PFLANZEN IN DER HAND! Mit passender Pflege wird aus einem kümmernden Etwas eine schöne, starke Pflanze.

DIE RICHTIGE PFLEGE, regelmäßiges Düngen und ausreichend Wasser treiben Pflanzen zu Höchstleistungen an. Die Hohe Fetthenne entwickelt sich vor allem bei großzügigem Gießen besonders üppig: Sie bringt das Wasser in ihrem Gewebe unter und wird dadurch immer größer und „fetter". Bei optimaler Nährstoffversorgung bleiben die so „aufgepumpten Pflanzen" auch stabil.

VERGAMMELT?

VIELE LIEBLINGSKRÄUTER SIND LEIDER zu sensibel für den Balkon oder die Dachterrasse.

Falscher Mehltau, Grauschimmel, diverse Viruserkrankungen … Die Liste der **KRANKHEITEN**, die Basilikum gerne befallen, ist lang. Robustere Sorten sind 'Piccolo' und 'Kleinblättriges Griechisches'.

BESSER NICHT!

Basilikum nie über die Blätter gießen – schwarze Schimmelflecken sind die Folge.

BASILIKUM IST EINE kleine Diva, braucht Wärme, fault, wenn er zu viel gegossen wurde, wenn er blüht, werden die Blätter bitter. Wenn Petersilie einmal ausgetrocknet ist, kann man nur noch harte, gelbe Blätter ernten, Blattläuse zieht sie magisch an. Auch Zitronenmelisse bekommt oft schwarze Blattflecken, Apothekersalbei wird von Mehltau befallen. Majoran ist kälteempfindlich.

PFLEGELEICHT!

SICHER KANN MAN die meisten Kräuter nicht einfach ersetzen. Aber es gibt doch ein paar Gewürzkräuter, die bestens auf dem Balkon gedeihen.

Ab Mai blüht der **ROSMARIN**. Es gibt außer der violett-blau blühenden auch rosa- und weiß-blütige Sorten.

Extra PFLEGE-LEICHT

NOCH-BESSER-TRICK!

„Saatscheiben" erleichtern das Pflanzen. Einfach in einen mit Erde gefüllten Topf legen und mit Erde bedecken.

VON NATUR AUS ANGEPASST an trocken-heiße Standorte sind mediterrane Kräuter wie Rosmarin, Thymian, Oregano, Kerbel und Ysop. Damit sind sie ideale Kandidaten für Dachterrassen und vollsonnige Balkonkästen. Die Softies unter den Kräutern sind oft durch ähnlich schmeckende Kräuter ersetzbar; zum Beispiel Majoran durch Oregano oder Petersilie durch Kerbel.

KRÄUTER FÜR DEN BALKON

KRÄUTER FÜR DEN BALKONKASTEN kaufen Sie am besten als ganze Pflanze. Selbst aussäen geht auch, aber dann wartet man meist mehrere Wochen bis zur ersten Ernte. Petersilie und Koriander bevorzugen eine dauerfeuchte Erde und relativ viel Dünger. Mediterrane Kräuter wie Thymian, Rosmarin, Salbei und Oregano fühlen sich in der Sonne am wohlsten und vertragen auch mal Trockenheit. Basilikum ist ein Sonderfall. Er mag keine kalten Nächte und wird am besten nach dem Abernten durch eine neue Pflanze ersetzt. Alle Kräuter sollten windgeschützt stehen. Alte Knoblauchzehen wehren Blattläuse ab.

BESONDERS PFLEGELEICHT

Geranien, Petunien und Margeriten, das sind die Klassiker unter den Balkonblumen, aber sind sie wirklich so geeignet für die Heimoase? Sie blühen zwar lange, brauchen aber ständige Pflege, müssen regelmäßig gedüngt und verwelkte Blüten regelmäßig entfernt werden. Dabei hält das Gärtnersortiment eine ganze Menge pflegeleichter und robuster Pflanzen bereit, die wirklich (fast) überall gedeihen. Sie haben keine hohen Ansprüche an die Temperatur, das Licht oder die Bewässerung und werden nicht so schnell von Schädlingen und Krankheiten befallen.

SOMMERBLUMEN

Garantierte Blütenpracht liefern anspruchslose Sommerblumen. Probieren Sie doch einmal Schmuckkörbchen zusammen mit Spinnenblumen aus. Sie bilden eine lockerduftige, dauerblühende Pflanzkombination, wobei die Spinnenblume auch nach der Blüte noch lange durch die Samenstände attraktiv ist.

KLETTERPFLANZEN

Unter den Kletterpflanzen gibt es auch einige besonders pflegeleichte Arten. Nicht winterhart, aber rasant wachsend, mit glänzend grünen Blättern und weißen, rosa oder roten Trichterblumen präsentiert sich die Mandevilla. Wer seinen Balkon nicht jedes Jahr neu bepflanzen will, kann die kleinwüchsigen Clematis-Sorten wie „Königskind" ausprobieren, die speziell für Kübel gezüchtet wurden.

STAUDEN

Das Sortiment an pflegeleichten Stauden ist riesig. Für Tröge können Sie wasserspeichernde Fetthennen und Dachwurze mit Blauschwingel zusammenpflanzen. In großen Kübeln fühlen sich Strandflieder, Lampenputzergras, Schafgarbe und Schleierkraut wohl, und hohes Reitgras oder Pfeifengras sorgt als wenig frostempfindlicher Bambusersatz für Sichtschutz zum Nachbarn.

BLÜHENDE STRÄUCHER

Sie sind mehrjährig, kommen durch den Winter und auch Stadtklima kann ihnen nichts anhaben: Felsenbirne, Weigelie und Rispenhortensie eignen sich hervorragend für die Dauerbepflanzung von größeren Trögen und Kübeln auf Balkon und Dachterrasse. Sie blühen üppig und bieten im Sommer einen guten Sichtschutz.

HITLISTE

Diese Pflanzen brauchen kaum Aufmerksamkeit und gedeihen auf jedem Balkon.

SCHMUCKKÖRBCHEN

Gedeihen in fast jeder Erde, an fast jedem Standort und brauchen nicht viel Wasser.

SPINNENBLUME

Verwelkte trockene Blüten fallen von alleine ab.

LAMPENPUTZERGRAS

Braucht nicht viel Wasser und überlebt milde Winter.

STRANDFLIEDER

Eine besonders robuste Pflanze für Balkon und Terrasse. Wintergrün, mit imposanter Blüte

FETTHENNE

Sie speichert Wasser, zwei Wochen ohne Gießen steckt sie problemlos weg.

SCHAFGARBE

Robust und langlebig, blüht oft mehrmals in einem Jahr.

FELSENBIRNE

Verträgt Trockenheit und wächst fast überall. Die Früchte schmecken ähnlich wie Heidelbeeren.

WEIGELIE

Sehr anspruchslos, verträgt sogar Abgase und Stadtklima sehr gut.

HAINBUCHE

Verträgt umfassenden Rückschnitt, sehr anspruchslos.

SONNENSCHEIN?

VERSCHNAUFPAUSE NACH DEM Großeinkauf und auf gutes Wetter warten? Besser nicht, die frisch gekauften Pflanzen danken es Ihnen.

DIE TÖPFE, IN DENEN die Pflanzen in den Gewächshäusern angezogen werden, sind meist relativ klein. Sie sind für die Anzucht unter optimalen Bedingungen angelegt – perfekte Temperatur, genau richtig gegossen mit der idealen Düngung. Der Balkon kann da nicht mithalten: Bleibt die Pflanze zu lange in dem Topf, „verhockt" sie und das Wachstum stagniert.

BEI JEDEM WETTER!

VERPASST DIE PFLANZE DEN richtigen Startzeitpunkt zum Weiterwachsen, wird sie die ganze Saison kümmern.

Nach dem Eintopfen in neue Gefäße die Pflanze ausgiebig **GIESSEN!** So vermischt sich die neue Erde mit dem Wurzelballen und die Wurzeln wachsen schneller.

Wenn die Pflanzen zu lange im Laden standen, wachsen die **WURZELN** oft schon aus den Dränagelöchern heraus. Einfach abschneiden ist okay, betrifft das mehr als ein Drittel des gesamten Wurzelwerks, besser den Topf aufschneiden und die Wurzeln lösen – leider etwas mühselig.

WENN SIE NEUE PFLANZEN nach dem Kauf gleich in ihre endgültigen Töpfe und Kästen pflanzen, können sie ohne Startverzögerung weiterwachsen, neue Wurzeln, Triebe und Blüten bilden. So werden sie zu robusten Gewächsen. Also auch bei Regen: Raus auf den Balkon und einpflanzen! Tipps, wie das Einpflanzen funktioniert und worauf Sie achten sollten, finden Sie auf der Seite 68.

PERFEKT!

Schlagen Sie zwei Fliegen mit einer Klappe: Leichte Töpfe werden durch eine Schicht Kies auf dem Topfboden schwerer und kippen nicht so schnell um.

DRÄNAGESCHICHT ANLEGEN

Wenn die Pflanzen kümmern und es leicht faulig riecht, liegt's wahrscheinlich an Wurzelfäulnis. Die entsteht, wenn sich Wasser im Topf staut und den Wurzeln den Sauerstoff raubt. Mit Löchern im Topfboden und einer Schicht aus Kies oder Blähton, durch die das Wasser schnell abfließt, kann das nicht passieren.

1. **ABZUGSLOCH** im Topfboden mit einer Tonscherbe abdecken, damit die Dränageschicht nicht ausgespült wird.

2. **DRÄNAGEMATERIAL EINFÜLLEN.** Als Dränage eignen sich viele unterschiedliche Materialien (siehe rechte Spalten).

3. **VLIES ZUSCHNEIDEN** und auf die Dränageschicht legen.

4. **EINE DÜNNE SCHICHT BLUMENERDE** auf das Vlies schütten.

5. **DIE PFLANZE EINSETZEN**, Lücken mit frischer Erde auffüllen, kräftig andrücken, gießen, fertig!

SEHR KLEINE TÖPFE

Bei ganz kleinen Töpfen reicht es aus, eine grobe **Tonscherbe** über das Wasserabzugsloch im Topfboden zu legen. Eine dicke Dränageschicht ist nicht nötig. Es ist wichtiger, der Pflanze möglichst viel Wurzelraum zu bieten.

KLEINE TÖPFE

Grober Aquarienkies aus Quarz ist ideal für kleinere Töpfe. Er ist schwer, der Topf steht stabiler. Eine 2 cm dicke Schicht reicht bei normalgroßen Töpfen aus. Achtung: Oft wird Zierkies auch aus Kalkstein (Marmor) angeboten. Wenn man diesen verwendet, kann der pH-Wert in der Erde so stark ansteigen, dass die Pflanzen die Düngernährstoffe nicht mehr aufnehmen können.

GROSSE TÖPFE

Für große Pflanzgefäße ist **Blähton** das beste Dränagematerial. Er ist vergleichsweise günstig und vor allem leicht, denn der Gewichtsfaktor spielt auf dem Balkon eine große Rolle. Bei einem Pflanzgefäß von etwa 50 cm Durchmesser oder einem großen Pflanztrog sollte die Dränageschicht etwa 5 bis 10 cm ausmachen.

WARUM VLIES?

Wichtig ist, dass die Pflanzerde beim Gießen nicht nach und nach in die Dränageschicht gespült wird. Decken Sie sie also mit einer Lage aus speziellem Gärtnervlies ab, bevor Sie die Erde einfüllen. Das bekommen Sie im Baumarkt oder Gartencenter für etwa 1 €/m².

VERDRÄNGUNG?

MINZE UND ZITRONENMELISSE sind wahre Platzhirsche unter den Kräutern. Sehr zum Nachteil der zurückhaltenderen Pflanzen.

SIE BREITEN SICH ENORM SCHNELL AUS – durch ober- und unterirdische Ausläufer. Das sind lange Triebe, die an ihrem Ende oder entlang des ganzen Ausläufers Knospen bilden, die zu neuen Pflanzen, kleinen Ablegern sozusagen, heranwachsen. So wandert eine Minze oder Zitronenmelisse in kurzer Zeit durch den ganzen Kasten und verdrängt alle anderen Pflanzen.

AUSSER KONKURRENZ!

WUCHERER UNTER DEN KRÄUTERN können Sie ganz leicht bändigen. So kann sich jede Pflanze im Kasten behaupten.

MINZE UND ZITRONENMELISSE gehören in separate Töpfe, wo sie mit ihrem Ausbreitungsdrang keine anderen Kräuter überwuchern. Alle anderen Kräuter können, wenn sie ähnliche Ansprüche haben, in einen gemeinsamen Topf. Dasselbe gilt natürlich nicht nur für Kräuter, sondern für alle Balkonpflanzen. Unter den Stauden gehören manche Storchenschnabel-Arten zu den Wucherern.

MUTTERBODEN?

ERDE AUS DEM GARTEN ist nicht gut auf dem Balkon. Hier werden viele Pflanzen anspruchsvoller.

WER PFLANZEN IN NORMALER GARTENERDE oder in Mutterboden in einen Topf setzt, wird schnell enttäuscht sein, wenn die Pflanze nicht gedeihen mag. Die Erde trocknet schnell aus, lässt sich nur schwer wieder befeuchten, das Düngen gestaltet sich schwierig, das Wachstum ist zögerlich und trotz aufmerksamer Pflege kümmert die Pflanze vor sich hin.

PFLANZERDE!

EIN PFLANZTOPF IST ein ganz besonderer Mikrokosmos. Nur spezielle Erde kann leisten, was die Pflanzen im Topf brauchen.

Ein Topf bietet viel weniger Erdvolumen für die Wurzeln als der Garten. Nur spezielles Pflanzsubstrat kann das ausgleichen. Seine Struktur ist besonders stabil, daher **SPEICHERT** es Wasser und Nährstoffe besser.

Durch Torfabbau werden schützenswerte Hochmoore zerstört. Nehmen Sie lieber **TORFFREIE** oder zumindest torfreduzierte Erde.

DIE GEKAUFTEN SUBSTRATE sind auf die speziellen Ansprüche der Topfkultur zugeschnitten. Sie dienen als Wasser- und Nährstoffspeicher, sind leicht zu gießen, bieten Volumen für üppiges Wurzelwachstum und der Pflanze genügend Halt. Der Dünger im frisch gekauften Pflanzsubstrat reicht bis zu 6 Wochen. Außerdem hat man keine Probleme mit Wurzelkrankheiten und Unkraut.

1
2
3
4
5
6
7
8
9

DIE RICHTIGE BLUMENERDE

Grundsätzlich muss eine Erde für Pflanztöpfe strukturstabil sein, sie darf also nicht verklumpen. So kann sie lange im Topf bleiben, sie speichert ausreichend Wasser ohne Staunässe zu verursachen, und die Nährstoffe verteilen sich gleichmäßig. Oft sorgt Torf für diese Stabilität, allerdings werden durch den Torfabbau seltene Ökosysteme zerstört. Im Baumarkt finden Sie torffreie und -reduzierte Erden. Darüber hinaus gibt es für die verschiedenen Bedürfnisse von Pflanzen unterschiedliche Erdtypen.

1 **GRÜNPFLANZENERDE:** Sehr strukturstabil, in ihrer Nährstoffzusammensetzung auf die Bedürfnisse von Blattstauden und Gehölzen abgestimmt.

2 **KOMPOST:** Enthält viele Nährstoffe und ist ein guter organischer Dünger für robuste Pflanzen. Leider sind häufig Unkrautsamen darin.

3 **TORFFREIE ERDE:** Holzfasern, Rindenhumus und Kompost übernehmen die Funktion des Torfs.

4 **RHODODENDRONERDE:** Spezielles Pflanzsubstrat mit hohem Säuregehalt und mit geringer oder keiner Kalkzugabe.

5 **BALKONBLUMENERDE:** Nährstoffreiche Blumenerde und ideal für alle blühenden Balkonblumen.

6 **RINDENHUMUS:** geeignet nur in größeren Gefäßen mit Gehölzen zur Abdeckung der Erde, ist unkrautunterdrü ckend.

7 **ANZUCHTERDE:** Locker und nährstoffarm für empfindliche Aussaaten.

8 **KÜBELPFLANZENERDE:** Enthält Lavagrus und Ton, Wasser wird gespeichert, ohne Staunässe zu verursachen. Für große Kübel ohne Dränagelöcher und als Allround-Erde für den Balkon geeignet.

9 **ROSENERDE:** pH-Wert und Nährstoffzusammensetzung sind speziell auf Rosen abgestimmt. .

DAUERND UMTOPFEN?

DIE PFLANZE WÄCHST, der Topf wird zu klein – schon wieder umtopfen?!

Wenn die Wurzeln so groß geworden sind, dass sie die Pflanze **AUS DEM TOPF HEBEN**, muss umgetopft werden. Die beste Zeit dafür ist im Frühjahr. Im Herbst endet die Wachstumsphase, die Pflanze wurzelt kaum in der neuen Erde ein.

Der Wurzelballen sollte von einer mindestens 3 cm dicken Erdschicht umgeben sein. Bei weniger Erde hat er **NICHT GENUG PLATZ** im Topf und es muss nach kurzer Zeit umgetopft werden.

Billige Erde sackt schnell in sich zusammen. Dann staut sich Wasser, Nährstoffe verteilen sich nicht und Sauerstoffmangel lässt die Pflanzen regelrecht **ERSTICKEN** – und wieder müssen Sie umtopfen!

MEHRJÄHRIGE PFLANZEN IN TÖPFEN, Kästen und Kübeln wachsen und gedeihen von Jahr zu Jahr. Irgendwann ist das Pflanzgefäß zu klein, die Erde ausgelaugt und das Wachstum verringert sich. Bei kleinen Gefäßen hilft dann nur eins: Umtopfen. Dies bedeutet aber Stress für die Pflanze (und für Sie), Wurzeln werden beschädigt und müssen neu gebildet werden.

ÖFTER DÜNGEN!

TÖPFE EINE NUMMER GRÖSSER als nötig und regelmäßiges Düngen helfen, häufiges Umtopfen zu vermeiden.

PFLEGE-TIPP:

Schmucklilien mögen Umtopfen gar nicht! Sie wachsen üppiger, wenn man sie in Ruhe lässt. Hier besonders auf einen ausreichend großen Topf achten. Mehr zur Schmucklilie auf Seite 207.

Es gibt Pflanzen, die werden für jeden Topf zu groß. Tauschen Sie nur kleine Mengen der Erde durch neue aus, so kann die Pflanze **IM ALTEN TOPF BLEIBEN**. Schneiden Sie 3 bis 4 tortengroße Stücke aus dem Ballen und füllen Sie die Löcher mit frischer Erde auf.

Langzeitdünger ist ideal für bequeme Gärtner. Es gibt ihn mit 3-, 6- und 9-monatiger Nährstofffreisetzung. Er hat eine Umhüllung, sodass er die **NÄHRSTOFFE** nur langsam abgibt. Für die meisten Pflanzen ist er ausreichend. Werden die Blätter gelb, sollten Sie mit Flüssigdünger nachdüngen.

WÄHLEN SIE VON vornherein einen größeren Topf für Ihre Pflanzen und setzen Sie sie in eine strukturstabile Pflanzerde, zum Beispiel für Kübel- oder Balkonpflanzen. Diese hält mehrere Jahre ohne zusammenzusacken. Den Nährstoffnachschub liefern Langzeitdünger, sodass die Pflanze durchaus 3 bis 5 Jahre im selben Gefäß ohne Erdaustausch wachsen kann.

VIEL HILFT VIEL?

NICHT BEIM DÜNGEN. Im Gegenteil: Zu viele Nährstoffe sind Gift für empfindliche Wurzelspitzen.

DIE DÜNGERVIELFALT IM GARTENCENTER ist auf den ersten Blick unüberschaubar und verwirrend: Es gibt feste und flüssige Dünger, Einzelnährstoffdünger, Volldünger, Langzeitdünger, organische und mineralische, Blattdünger und Spezialdünger für verschiedene Pflanzenarten. Ihnen allen ist gemeinsam: Zu viel Dünger tötet die Pflanzen. Schneller als Sie glauben!

WENIGER HILFT MEHR!

WIE BEIM MENSCHEN GILT: Gesunde Ernährung muss ausgewogen sein.

Besser als fester Dünger ist **FLÜSSIGDÜNGER**. Die Dosierung ist einfacher und die Nährstoffe werden im Gießwasser aufgelöst. Das schont die Wurzeln. Sie brauchen Grünpflanzendünger für Blattstauden und Sträucher sowie Blühpflanzendünger für alle blühenden Pflanzen. Kaufen Sie nur Dünger mit NPK-Angabe! Mehr Infos dazu auf Seite 101.

HORNSPÄNE sind ein natürlicher Stickstoffdünger und geben, oberflächlich in die Erde eingearbeitet, ihre Nährstoffe langsam ab. Überdüngung ist fast unmöglich.

PFLEGE-TIPP:

Alle 2 bis 3 Wochen düngen und nur bis ca. Anfang August! Dann endet die Wachstumsphase der Pflanze und sie konzentriert sich auf das Ausreifen der neuen Triebe.

SO FÖRDERT EIN HOHER STICKSTOFFGEHALT das Wachstum grüner Blätter und Triebe, Phosphor regt die Blütenbildung an und Kalium stärkt die Zellen und sorgt für eine bessere Frosthärte. Verwenden Sie lieber etwas weniger Dünger, als auf der Verpackung steht. Pflanzen kommen erstaunlich lange mit wenig Nährstoffen zurecht, während zu viele ihnen schnell schaden.

WAS TUN, WENN NICHTS BLÜHEN WILL?

Manchmal ist es wie verhext. Man hegt und pflegt seine Pflanzen und trotzdem ist das Wachstum kümmerlich. Manchmal liegt es an falscher Pflege, manchmal sind es äußere Einflüsse und oft sind die Auslöser so unscheinbar, dass Sie lange nach den Ursachen suchen müssen. Wir helfen Ihnen dabei:

VERSTECKTE SCHÄDLINGE

Symptome: Pflanze welkt oder stellt das Wachstum ein, einzelne Triebe sterben ab.
Ursache: Schädlinge wie Wurzelläuse, die an Wurzeln fressen oder saugen, Dickmaulrüsslerlarven, die an den Wurzeln fressen.
Abhilfe: Gegen Wurzelläuse hilft nur ein Tauchbad des Wurzelballens in einer Insektizidlösung. Kontrollieren Sie die umliegenden Gefäße, Wurzelläuse wandern von Topf zu Topf. Gegen Dickmaulrüsslerlarven gibt es biologische Nematoden-Präparate (Fadenwürmer).

UV-LICHTMANGEL

Symptome: Wachstumsstörungen, lange, weiche Triebe mit hellen Blättern, untypisch großer Abstand zwischen den Blättern.
Ursache: UV-undurchlässige Verglasung.
Abhilfe: Pflanzen umstellen, lange Triebe zurückschneiden, damit sie sich wieder normal entwickeln können.

SCHADSTOFFE IM PFLANZTOPF

Symptome: Kümmerwuchs oder einseitige Schäden an den Blättern und Trieben.
Ursache: Bei Holz- und Metallgefäßen Schäden durch Holzschutzmittel oder Lösungsmittel aus dem Lack.
Abhilfe: Pflanze austopfen, Erde erneuern und den Topf, wenn er wieder verwendet werden soll, mit einem Kunststoffeinsatz versehen, damit Topfwand und Pflanzerde nicht in Kontakt kommen.

LUFTSCHADSTOFFE

Symptome: Blätter vergilben, werden teils rötlich, manchmal gräuliche Beläge.
Ursache: In der Stadt oder an stark befahrenen Straßen Schäden durch Schwefeldioxid, Stickstoffoxide oder hohe Ozonkonzentration im Sommer.
Abhilfe: Bei hoher Belastung abgasfeste, große Sträucher als Schutz für empfindlichere Pflanzen wählen (z. B. Liguster).

Nährstoffe und Mangelerscheinungen

Dünger liefert den Pflanzen lebenswichtige Nährstoffe. Volldünger oder NPK-Dünger enthalten die **Hauptnährstoffe Stickstoff (N), Phosphor (P) und Kalium (K)**. Auf jeder Verpackung ist der Nährstoffgehalt angegeben. Dabei werden die Anteile der Hauptnährstoffe immer in derselben Reihenfolge genannt. Ein Dünger mit der Angabe NPK 15–15–15 enthält je 15 % der Elemente. Für jedes Pflanzenbedürfnis gibt es speziellen Dünger. Zu viel Dünger schadet der Pflanze. Die Nährsalze verbrennen die Wurzeln regelrecht. Die ersten Anzeichen von **Überdüngung** sind dunkelgrüne bis schwarze Ränder an älteren Blättern, stockender Wuchs oder extremer mit weichen, langen Trieben sowie fehlender Blütenansatz. Auf der Erdoberfläche bilden sich weiße oder gelbliche Salzkristalle. Bei Überdüngung hilft nur Ausspülen. Stellen Sie den Topf in die Badewanne und spülen Sie den Topfballen mehrfach gründlich durch. **Nährstoffmangel** können Sie gezielt mit dem richtigen Dünger bekämpfen. Hier sehen Sie, wofür ein Nährstoff gut ist und woran Sie einen Mangel erkennen können:

Nährstoff	**Wozu benötigt**	**Mangelerscheinungen**
Stickstoff	Wachstum	Kleine, vergilbte Blätter, Kümmerwuchs, schwache Blüte
Phosphor	Blüten-/Fruchtbildung	Blätter schmutzig grün verfärbt, schwache Blüten- und Fruchtbildung
Kalium	Festigung der Zellen	Vertrocknete Blattränder, Blätter schlaff, teils löffelartig eingerollt
Magnesium	Photosynthese	Blätter vergilben, Blattadern mitsamt schmalem Saum bleiben lange grün; später Braunfärbung, vorzeitiger Blattfall
Kalzium	Festigung der Zellen	Hauptursache für Stippe (braune Flecken) bei Äpfeln und Blütenendfäule bei Tomaten (siehe dazu Pflege-Tipp Seite 167)
Schwefel	Aufbau von Eiweiß	Wie Stickstoffmangel
Bor	Blüten-/Fruchtbildung	Junge Blätter, Blüten und Früchte verkrüppelt
Eisen	Photosynthese, Atmung	Gelbfärbung der Blätter bis hin zur Weißfärbung, Blattadern bleiben grün, vertrocknete Blattränder
Kupfer	Photosynthese	Gelb- bis Weißfärbung, eingerollte Blattspitzen
Mangan	Eiweißaufbau, Photosynthese	Gelbfärbung punktförmig zwischen den Blattadern, an älteren Blättern zuerst
Molybdän	Abbau von Nitrat	Jüngere Blätter vergilbt
Zink	Photosynthese	Gelbfärbung der Blätter

EINS AUF DIE MÜTZE?

EINE KALTE DUSCHE VON OBEN? Das mag kaum eine Pflanze. Noch schlimmer: Wasser in den Blüten.

BESSER NICHT!

Sie sollten nicht in der prallen Mittagssonne gießen. Das Wasser verdunstet, bevor es die Wurzeln aufnehmen können, und der Kälteschock für die Pflanze ist besonders groß.

Ihre Pflanzen brauchen **KEINE NASSE ABKÜHLUNG**. Faustregel: Bis etwa 30 °C Außentemperatur sind die Blätter wärmer als die sie umgebende Luft, über 30 °C kühlen sie sich und die Umgebung durch die Verdunstungskälte. Das ist praktisch, auch für Sie auf einem heißen Stadtbalkon im Sommer.

PILZKRANKHEITEN lieben nasse Blätter und Blüten. Sie können so langsam und genüsslich in die Blätter eindringen und sich in der Pflanze ausbreiten. Ein kalter Gießschauer auf sonnenwarme Blätter und Blüten führt außerdem zu Blattschäden. Sehr unwahrscheinlich ist allerdings, dass Wassertröpfchen auf Blättern Sonnenlicht bündeln und die Pflanze verbrennen.

AUF DIE FÜSSE!

GIESSWASSER GEHÖRT DORT HIN, wo es gebraucht wird: an die Wurzeln. Gießen Sie also immer direkt auf die Erde.

Morgens ist die **BESTE GIESSZEIT**, dann tankt die Pflanze Wasser für den Tag, abends bleibt die Feuchtigkeit lange und fördert Pilzwachstum.

PFLEGE-TIPP:
Füllen Sie die Kanne nach dem Wässern gleich wieder und lassen Sie sie draußen stehen. So haben Sie immer optimal temperiertes Gießwasser.

GIESST MAN DIE WURZELN, kommen empfindliche Teile der Pflanze nicht mit dem Wasser in Berührung und Krankheitskeime werden nicht auf der Pflanze verteilt. Das Wasser verdunstet bei Hitze nicht vorzeitig. Das Gießwasser sollte ungefähr dieselbe Temperatur wie der Wurzelballen haben, sonst erleiden die Pflanzen an heißen Tagen einen Kälteschock.

RANDVOLL?

VIELES KANN MAN SICH VON den Profis abschauen, aber nicht alles funktioniert auch auf dem eigenen Balkon.

IN DER GÄRTNEREI WIRD BEIM TOPFEN für die Anzucht der Topf bis zum Rand mit Erde gefüllt und die Pflanze hineingesetzt. Die Bewässerung im Profi-Gartenbau geschieht von unten durch regelmäßiges Anstauen von Wasser auf den Anzuchttischen. Da macht es auch Sinn, der Pflanze so viel Erde als Wasser- und Nährstoffspeicher zu geben, wie der Topf es zulässt.

GIESSRAND!

EINFACHER TRICK, GROSSE WIRKUNG! Schnell und sauber wird Blumengießen mit einem Gießrand im Topf.

Wohnen Sie in einer Region mit stark kalkhaltigem Leitungswasser? Kalk verändert den pH-Wert der Erde, viele Pflanzen vertragen das nicht. Lassen Sie die Gießkanne mit dem Wasser **EINEN TAG STEHEN**, dann setzt sich der Kalk ab. Oder verwenden Sie Regenwasser.

Der Gießrand sollte **NICHT ZU GROSS** sein. Sonst sammelt sich bei Regen zu viel Wasser im Topf, was zu Staunässe führt und den Wurzeln schadet.

FÜLLEN SIE DIE ERDE NUR BIS 2, bei großen Gefäßen 3 bis 5 Zentimeter unter den Topfrand auf. So kann das Gießwasser langsam einsickern und läuft nicht über. Die Pflanze sollte bis zum Übergang von Wurzeln zum Stiel beziehungsweise Stamm mit Erde bedeckt sein. Steckt der in der Erde, könnte er faulen, liegen die Wurzeln blank, halten sie die Pflanze nicht mehr in der Erde.

HIGHTECH-SENSOR?

SENSOREN, DIE ANGEBEN, wann gegossen werden soll, gibt es im Baumarkt zu kaufen. Sparen Sie sich das Geld!

Die Messgeräte sollen neben der Feuchtigkeit auch den pH-Wert und die Lichtintensität messen können. Und das für nicht mal 10 €! **VIELLEICHT** klappt's, vielleicht nicht. Klar ist: Sie brauchen diese Sensoren für Ihren Balkon gar nicht.

BEI TEUREN BEWÄSSERUNGSANLAGEN geben Erdfeuchtemesser das Signal zum Gießen. Solche Sensoren sind aber auch für den „mobilen Einsatz" zu haben: Sie werden in die Erde gesteckt und zeigen an, ob Sie gießen müssen. Für Technik-Freaks mag das spannend sein, aber egal ob analog oder digital: Sie brauchen solche Sensoren auf dem Balkon nicht – rechts lesen Sie weshalb.

DAUMENPROBE!

SELBST GIESSEN UND fühlen ist die sichere Alternative. Wer seine Pflanzen beobachtet, erkennt schnell, wann gegossen werden muss.

Klopfen statt fühlen: Ein **KLOPFEN** an der Topfwand von Tontöpfen zeigt Ihnen, ob die Erde zu trocken ist: Klingt der Klopfton hell und hohl, muss gegossen werden.

Oft verdecken Blätter die Oberfläche der Pflanzerde. Deshalb sollten Sie auch nach einem Regenschauer fühlen, ob die Pflanze noch ausreichend Wasser hat. **DAUMENREGEL:** Je größer die Blätter, desto durstiger ist die Pflanze.

AM EINFACHSTEN IST DIE Daumenprobe. Fühlen Sie mit dem Finger, ob Ihre Pflanze Wasser benötigt. Dazu den Finger etwa 2 Zentimeter tief in die Pflanzerde stecken. Ist sie kühl und feucht, kann man noch etwas abwarten. Ist sie schon warm und trocken, braucht die Pflanze sofort Wasser. Das richtige Gefühl, wann gegossen werden muss, bekommen Sie schnell.

VERGEBLICH?

JEDES JAHR GEISTERT ES ALS SPEZIALTIPP durch die Zeitschriften: Eine umgekehrte Wasserflasche ersetzt das Gießen im Urlaub.

Bei sommerlichen Temperaturen verdunstet das Wasser, der Vorrat ist noch schneller aufgebraucht. So finden Sie Ihre Pflanzen mit großer Wahrscheinlichkeit nach zwei Wochen Urlaub vor: Die einen **VERSCHIMMELT**, die anderen **VERTROCKNET**. Und der Balkon sieht schnell aus wie eine Müllhalde, wenn Sie in jeden Topf eine Plastikflasche stecken.

Noch ein Tipp, der nicht gut funktioniert: Stoffbahnen werden mit einem Ende in einen Wassereimer gehängt und mit dem anderen in den Pflanztopf. Das Ganze ist nur etwas **FÜR BASTLER MIT PHYSIKSTUDIUM**, denn die Standhöhe des Topfes muss genau berechnet sein, damit die Kapillarkräfte wirken.

EINE UMGEKEHRT IN DIE ERDE gesteckte Wasserflasche, die sich selbst entleert, soll Pflanzen während des Urlaubs versorgen. Das geht garantiert schief. Die Flasche entleert sich viel zu schnell, bei kleinen Töpfen läuft dann der Untersetzer über, bei größeren Töpfen wissen Sie selbst: Da reichen 1,5 Liter nur für einen Tag. Fazit: Kein Geheimtipp. Lieber doch die Nachbarin fragen.

AUTOMATISCH!

VOLLSTÄNDIGE SETS FÜR die Urlaubsbewässerung erhalten Sie im Baumarkt zu einem akzeptablen Preis.

Nahezu unsichtbar sind die Schläuche der automatischen Bewässerungsanlage für den Urlaub. Im Zweifel für den Faulen: Auch wenn Sie nicht im Urlaub sind, sparen Wasserpumpen Zeit und Arbeit – und Wasser! Das Wasser wird tröpfchenweise und damit sehr **SPARSAM** abgegeben.

Wer keinen Stromanschluss auf dem Balkon hat, kann mit einem Tonkegel seine Pflanzen bewässern: Der **TONKEGEL MIT MEMBRAN** wird in die Erde gesteckt. Die Membran bewegt sich bei Unterdruck und öffnet die Wasserzufuhr. Nähere Infos finden Sie im Internet.

ZIRKA 100 € KOSTET so ein Set, das dafür mehrere Jahre zuverlässig arbeitet. Über 30 Töpfe können Sie damit bewässern. Die elektrische Pumpe wird in einen mit Wasser gefüllten großen Behälter gelegt. Ein aufgesetzter Deckel verhindert, dass das Wasserreservoir von Mücken als Brutstätte genutzt werden kann. Ein Transformator mit integriertem Zeitschalter steuert die Gießintervalle.

PFLANZEN, DIE NICHT VIEL WASSER BRAUCHEN

Wassermangel ist auf dem Balkon und der Dachterrasse immer ein Problem. Durch das geringere Erdvolumen in den Pflanzgefäßen reicht das Regenwasser nicht aus. Pflanzen, die immer einen feuchten Wurzelballen brauchen, kommen im Hochsommer schnell in die Bredouille. Auch Wind, der auf Balkonen und Dachterrassen häufig stärker bläst, lässt die Pflanzen austrocknen. Am besten ist es, auf besonders durstige Gesellen ganz zu verzichten. Die folgenden Arten überstehen zur Not auch mal ein Wochenende ohne Wasser.

PERLKÖRBCHEN

Standort: Vollsonnig und mit durchlässiger Erde. Verträgt im Winter und Frühling keine Nässe.

Merkmale: Viele kleine silbrigweiße Blütenköpfchen, die ab Juni erscheinen. Die Blätter sind reizvoll silbrig.

Besonderheiten: Bildet Ausläufer und taucht so nach einiger Zeit auch an Stellen im Balkonkasten auf, wo sie gar nicht gepflanzt wurde.

Top für SONNEN-BALKONE

FETTHENNE

Standort: Vollsonnig, benötigt durchlässige Pflanzerde. Verträgt keine Staunässe.

Merkmale: Je nach Art und Sorte aufrecht oder niederliegend, Blätter und Triebe dickfleischig und sukkulent. Blüte gelb, weiß, rosa oder purpurn. Insektenmagnet.

Besonderheiten: Ungeheure Arten- und Sortenvielfalt. Schön sind die Hohe Fetthenne und die kriechende 'Weihenstephaner Gold'.

WOLLZIEST

Standort: Sonnig, mag keine nasse Pflanzerde.

Merkmale: Wuchs flach, Triebe aufrecht, Blätter silbrig, samtweich behaart. Blüten in langen Rispen, rosa bis purpurrosa, von Juli bis August.

Besonderheiten: Lockt Schmetterlinge an, guter Bodendecker. Die Sorte 'Silvercarpet' blüht nicht.

WALZENWOLFSMILCH

Standort: Sonnig und warm, wenn möglich an einen im Winter etwas frostgeschützten Platz pflanzen.

Merkmale: Silbrig-grüne Blätter, mit gelber Blüte im Frühling. Im Verblühen werden Blüten und Blätter erst rosa, dann braun. Zu diesem Zeitpunkt die vorjährigen Triebe zurückschneiden.

Besonderheiten: Pflanzensaft wirkt hautreizend, deshalb beim Schnitt immer Handschuhe tragen.

LAMPENPUTZERGRAS

Standort: Sonnig bis vollsonnig, verträgt keine Nässe, besonders nicht im Winter.

Merkmale: Locker überhängendes Ziergras mit schmalen, eleganten Halmen und langen Blütenrispen, die zart-duftig über den Blattbüscheln stehen.

Besonderheiten: Treibt im Frühjahr sehr spät aus, meist erst ab Mai. Da viele Exemplare im Winter durch Nässe eingehen, besser jedes Jahr neu pflanzen.

PFLANZENKILLER?

SCHNEIDEN NACH GEFÜHL mag Spaß machen, kann aber schnell das Ende der Pflanze bedeuten.

Sträucher sollten Sie regelmäßig auslichten. Schneiden Sie zu dichte und alte Triebe ab. Junge Blütentriebe sollten nicht abgeschnitten werden. Die sind manchmal nicht so leicht zu erkennen. Sollten Sie sich **UNSICHER** sein, warten Sie lieber noch eine Weile, bis Sie sehen, was sich entwickelt.

Bloß nicht mit einer stumpfen Schere oder gar einem Küchenmesser schneiden. Die Schnittstelle franst aus und schließt sich nicht. Die Gefahr, dass sich **PILZKRANKHEITEN** ansiedeln, ist so besonders hoch.

PFLEGE-TIPP:
Ist ein Ast zu lang, entfernen Sie ihn ganz. Schneiden Sie nur die Spitze ab, treibt er besenartig neu aus.

WACHSEN PFLANZEN ZU CHAOTISCH oder sehen nicht mehr schön aus, ist die Schere schnell zur Hand – und kann Schlimmes anrichten! Ist das Triebstück, das über einer Knospe beim Rückschnitt stehen bleibt, zu lang, trocknet es ein. Das tote Holz ist eine ideale Eintrittspforte für Pilzkrankheiten, die sich bis in den gesunden Trieb ausbreiten.

RICHTIG SCHNEIDEN!

PFLANZEN RICHTIG ZU SCHNEIDEN ist nicht schwer, wenn man ein paar Grundregeln und spezielle Eigenschaften berücksichtigt.

Generell gilt: Frühlings- und Frühsommerblüher werden **NACH DER BLÜTE** geschnitten, Sommer- und Herbstblüher nach dem Winter.

Welke Blüten sollten direkt abgeschnitten werden, dann treibt die Blume **NEUE BLÜTEN** aus. Außerdem können abgestorbene Blüten faulen. Die Krankheitsgefahr steigt. Es gibt viele selbstreinigende Züchtungen, die verwelkte Blüten abstoßen.

PFLEGE-TIPP: Wischen Sie die Schere nach dem Schneiden ab, am besten mit Spiritus. So verhindern Sie, dass Krankheitserreger von Pflanze zu Pflanze übertragen werden.

KNAPP ÜBER EINEM Vegetationspunkt schneiden, also über einer Knospe, ist das Wichtigste. Stehen die Knospen versetzt am Trieb, können Sie auch das Wachstum beeinflussen: Die dem Schnitt am nächsten liegende Knospe treibt am stärksten aus. Bei gegenüberliegenden Knospen kann man auch eine abkneifen, wenn man nicht zwei Neutriebe möchte.

ABFACKELN?

ES MACHT SCHON ETWAS HER, mit dem Flammenwerfer auf der Dachterrasse den Kampf gegen Unkräuter aufzunehmen. Bringt aber nichts.

Das Propangas, das beim Abrennen verwendet wird, stinkt fürchterlich. Noch schlimmer: Die **ASCHE** der verbrannten Pflanzen ist ein nahrhafter Dünger für die Keimlinge zwischen den Fugen!

Durch die Hitze kann die Isolierung unter dem Bodenbelag schmelzen. Und auch wenn man meint, die Flamme nur oberflächlich über den Bodenbelag zu führen, kann sich die Dachabdichtung darunter **ENTZÜNDEN**!

BESSER NICHT!

Chemischer Unkrautvernichter ist auf dem Balkon und der Terrasse verboten! Er ist schädlich für Mensch und Tier und verteilt sich über die Schuhe durch das ganze Haus.

DURCH WIND UND WETTER gelangen Erdkrumen und damit Nährstoffe in Ritzen und Fugen des Bodenbelags. Bei Betonplatten oder Fliesen erscheint es praktisch, das Unkraut einfach „abzufackeln“. Auf den ersten Blick ist das Problem gelöst. Ein großer Irrtum, denn die Wurzeln werden vom Feuer nicht erfasst und die Asche liefert zusätzliche Nährstoffe für das erneute Austreiben.

AUSKRATZEN!

UNKRAUT WIRD MAN AM BESTEN mit einer bewährten Methode los: mechanisch. Ist etwas mühsam, funktioniert aber bestens.

Ein Fugenkratzer hat eine gebogene, einseitig geschliffene Klinge, die **GANZ LEICHT** zwischen die Fugen passt. Sie bekommen ihn im Baumarkt, Gartencenter oder im Internet. Die Kosten liegen bei ca. 10 €.

Tückisch sind vor allem **LÖWENZAHN**, Disteln und Birken, deren Samen durch den Wind verbreitet werden. Löwenzahn hat eine bis zu 2 Meter lang werdende Pfahlwurzel – möglichst früh entfernen.

Auch mit einem Messer oder einem Schraubenzieher können Sie Unkraut zwischen den Fugen entfernen. Gegen Unkraut in Kästen und Kübeln können Sie vorbeugen, indem Sie die Pflanzen **MÖGLICHST DICHT** nebeneinander setzen. So hat das Unkraut weder Platz noch genügend Sonne, um heranzuwachsen.

UNKRAUT, DAS SICH IN DEN FUGEN des Belags auf Balkon und Terrasse angesammelt hat, lässt sich zuverlässig mit einem Fugenkratzer entfernen. Wichtig: Dabei auch die Wurzeln sorgfältig herauskratzen. Wenn Sie dies regelmäßig tun, ist die Arbeit recht schnell erledigt und es besteht keine Gefahr, dass Wurzeln zum Beispiel von Birkensämlingen in die Dachabdichtung eindringen.

GIFTNEBEL?

IM KAMPF GEGEN SCHÄDLINGE sollten Sie das Wohlbefinden der Pflanze und vor allem die eigene Gesundheit nicht vergessen!

Statt synthetischer Gifte sollten Sie auf natürliche Mittel setzen. Gesprühtes Rapsöl bildet einen Film auf der Pflanze, unter dem saugende **INSEKTEN** ersticken. Nicht das Öl aus der Küche dazu verwenden, die Zusatzstoffe könnten der Pflanze schaden.

BESSER NICHT!

Der giftige Nebel verteilt sich mit dem Wind auch in die Wohnung und zu den Nachbarn. Und Ihr Balkon wird für längere Zeit zum Sperrgebiet!

VIELE CHEMISCHE PFLANZENSCHUTZMITTEL sind giftig und werden durch Aufsprühen in der Umgebung verteilt! So verschwinden zwar die Schädlinge, aber Sie setzen Ihre eigene Gesundheit aufs Spiel. Außerdem schadet zu viel Chemie der Pflanze. Statt zur chemischen Keule zu greifen, sollte man vorbeugen oder auf Hausmittel zurückgreifen (Tipps dazu auf Seite 119).

LÄUSESTÄBCHEN!

MIT SYSTEMISCHEN Pflanzenschutzmitteln trifft es nur das Ungeziefer.

Läusestäbchen verteilen das Pflanzenschutzmittel genau da, wo es **WIRKEN** soll. Dabei helfen sie nicht nur gegen Blattläuse: Blattwanzen, Schildläusen, Weißen Fliegen sowie Woll- und Schmierläusen machen Sie damit den Garaus.

Lizetan-Granulat oder -Stäbchen einfach in die Erde stecken. Dabei unbedingt **HANDSCHUHE** tragen!

LIZETAN nur bei Pflanzen einsetzen, die nicht gegessen werden! Bei Obstbäumen und Gemüsepflanzen können Sie Läuse mit dem Lappen entfernen und auf natürlichen Pflanzenschutz zurückgreifen (Seite 119).

SYSTEMISCHE PFLANZENSCHUTZMITTEL werden von der Pflanze mit den Wurzeln aufgenommen und in allen Trieben verteilt. Saugende und fressende Schädlinge werden so beim „ersten Bissen" abgewehrt oder getötet. Die Pflanzenschutzmittel werden als Stäbchen in die Erde gesteckt oder mit im Gießwasser aufgelöst. Achtung: Nur bei Zierpflanzen einsetzen!

SCHÄDLINGE, KRANKHEITEN UND ANDERE PLAGEGEISTER

Pflanzen in Gefahr! Schädlinge, Krankheiten und andere unerwünschte Besucher können den Balkonfreuden schnell den Garaus machen. Hier die häufigsten Probleme und wie Sie sie loswerden beziehungsweise wie man vorbeugen kann:

DIE HÄUFIGSTEN KRANKHEITEN

Mehltau wird von zwei Pilzarten gebildet. Bei kaltem, feuchtem Wetter tritt der Falsche Mehltau auf, den Sie an einem graubraunen Belag auf der Blattunterseite und braunen Flecken auf der Blattoberseite erkennen. Das Pilzmyzel wächst dabei im Blattinneren, der Belag auf der Unterseite der Blätter besteht aus den Fruchtkörpern.

Echter Mehltau tritt bei heißem, trockenen Wetter auf. Typisch ist ein weißlicher oder grauer Belag, der wie Staub Blätter, junge Triebe und Knospen überzieht. Zur Behandlung eignen sich eine Milchspritzbrühe (siehe Tipp) und schwefelhaltige Mittel aus dem Gartenfachhandel.

Grauschimmel oder Botrytis befällt weiche Triebe und welke Blüten, die er mit einem grauen Pilzrasen überzieht. Achten Sie auf eine ausgewogene Düngung, zu viel Stickstoff macht die Triebe anfälliger. Entfernen Sie vorbeugend befallene Pflanzenteile und stellen Sie die Pflanzen nicht zu dicht nebeneinander. Stehende, feuchte Luft fördert den Befall.

Apfelschorf befällt nicht nur Apfelbäume und gehört zu den gefährlichsten Pilzkrankheiten im Obstbau. Erkennbar an braunen, rundlichen Flecken auf den Blättern und deformierten Früchten. Vorbeugend die Kronen der Bäume luftig halten.

Rostpilze haben ihren Namen von den rostbraunen Sporenlagern an den Blattunterseiten. Sie befallen zum Beispiel Kapuzinerkresse, Narzissen und Glockenblumen. Der weiße Chrysanthemenrost ist so ansteckend, dass er dem örtlichen Pflanzenschutzamt gemeldet werden muss.

Blattflecken können durch Viren oder Pilze verursacht werden und in Form, Farbe und

Größe sehr unterschiedlich sein. Gegen bakterielle Blattflecken gibt es kein Heilmittel. Da die Ursachen nur schwer zu erkennen sind, entfernen sie die Pflanze am besten komplett.

Wurzelfäule entsteht durch Staunässe oder wenn der Ballen zu kalt und nass ist. Achten Sie darauf, dass überschüssiges Wasser abfließen kann und nicht im Topf stehen bleibt.

DIE NERVIGSTEN SCHÄDLINGE

Blattläuse lassen sich von großen Knospen mit den Fingern abstreifen. Vorbeugend kann man – nur bei Pflanzen, die nicht gegessen werden! – Lizetan-Stäbchen oder -Granulat in die Erde stecken beziehungsweise streuen. Ein starker Blattlausbefall lässt die Pflanze nur zögerlich wachsen, Blüten und Triebe verkrüppeln. Außerdem können Blattläuse andere Krankheiten übertragen und auf ihren klebrigen Hinterlassenschaften, dem Honigtau, siedeln sich unschädliche, aber hässliche Rußtaupilze an.

Schild- und Wollläuse sind sehr schwer zu bekämpfen. Es gibt ölhaltige Spritzmittel zu kaufen, die für robuste Balkonpflanzen geeignet sind. Abstreifen sollte man sie auf keinen Fall, denn unter dem harten Schild befinden sich Eier, die man dabei über die Pflanze verteilt. Am besten sind systemische Präparate wie Lizetan, die ihren Wirkstoff im Innern der Pflanze verteilen.

Weiße Fliegen (Mottenschildläuse) ernähren sich von Pflanzensäften und sondern wie die Blattlaus Honigtau ab. Ihr Saugen hinterlässt gelbe Flecken auf den Blättern. Öl- und Kaliseifenpräparate helfen. Übermäßige Stickstoffdüngung vermeiden.

Pflanzenschutz

Auf dem Balkon sollten Sie nur in akuten Fällen zu chemischen Mitteln greifen und unbedingt die Zulassung beachten. Biologische Mittel wie Rapsöl- und Kaliseifenpräparate helfen, genauso einige Nützlinge wie Fadenwürmer (Nematoden). Marienkäfer sind Fressfeinde vieler Schädlinge, allerdings auf dem Balkon schwer zu halten. In Kräutern vertreiben alte Knoblauchzehen Blattläuse. Gelbfallen sind kleine, mit Kleber überzogene Schilder, die mit ihrer Farbe Schädlinge anlocken, die auf ihnen haften bleiben.

MILCH GEGEN MEHLTAU

Die in Milch enthaltenen Mikroorganismen bekämpfen den Mehltau-Pilz. 1 Teil Milch und 9 Teile Wasser mischen, 1 x pro Woche einsetzen.

Spinnmilben, auch „Rote Spinne" genannt, treten bei heißem, trockenem Wetter auf. Man erkennt sie am gespinstartigen Überzug an den Knospen und Triebspitzen sowie kleinen gelben Punkten auf den Blättern. Sie schädigen die Pflanze durch Saugen, neue Triebe und Blätter verkrüppeln. Vorbeugend kann man die Pflanzen regelmäßig überbrausen, Nässe und feuchte Luft mögen sie nicht.

Dickmaulrüssler fressen Kerben in die Blätter. Viel schlimmer sind ihre Larven, die die Wurzeln zerfressen. Präparate mit Nematoden (Fadenwürmern), im Gießwasser aufgelöst, helfen.

DIE HARTNÄCKIGSTEN PLAGEGEISTER

Ameisen werden lästig, weil sie die Erde aus den Pflanzgefäßen über den Balkon verteilen und Blattläuse „kultivieren". Außerdem schmerzen ihre Bisse, die für allergische Menschen in seltenen Fällen gefährlich werden können. Im Gartenfachhandel gibt es Streu- und Gießpräparate zur Bekämpfung. Ein Hausmittel ist Backpulver. Das darin ent haltene Natron ist giftig für Ameisen, da es zur Veränderung des pH-Wertes in ihrem Körper führt.

Schnecken sind Erzfeinde für jeden Gärtner. Sie werden mit der Erde, neuen Pflanzen oder über ihre Eier, die an Vogelfüßen haften, auch auf Balkone verschleppt. Sie fressen mit unbändigem Appetit Blätter und Triebe. Schneckenkorn nur verwenden, wenn sich keine Kinder und Haustiere auf dem Balkon aufhalten. Bierfallen funktionieren auch: Bier in tiefe Schälchen mit steil ansteigendem Rand geben und auf den Balkon stellen. Die Schnecken werden von dem Biergeruch angezogen, fallen hinein und ertrinken.

Tauben sind lästig, weil sie sich auf den Sitzmöbeln niederlassen oder das Geländer vollkoten. In Verruf geraten sind sie auch, weil sie über ihren Kot Krankheiten verbreiten können. Tauben dauerhaft zu vertreiben, kann eine Lebensaufgabe sein. Taubenschutznetze und Spikes verhindern, dass sich die Vögel auf dem Balkon niederlassen. Leider behindern Netze die Sicht. Spikes sind mit Stahlstiften gespickte Bänder, die auf dem Geländer befestigt werden. Allerdings sehen sie etwas gruselig aus und Tiere können sich verletzen. Mehrere etwa 5 bis 7 Zentimeter über dem Geländer gespannte Drähte können denselben Zweck erfüllen.

Krähen hinterlassen Kot und fressen Blumenzwiebeln, wofür sie Blumenkästen durchwühlen. Sie lassen sich mit den üblichen Abwehrmechanismennur schwer vertreiben. Auf größeren Balkonen und vor allem auf Dachterrassen Flatterbänder oder Maurergarn spannen. Die Krähen befürchten, bei plötzlicher Flucht mit den Flügeln dort hängen zu bleiben und meiden diese.

BLATTLAUSMAGNETEN

Es gibt Pflanzen, die bei den grünen oder schwarzen Plagegeistern beliebter sind als andere. Will man einen möglichst blattlausfreien Balkon, sollte man die folgenden Pflanzen besonders im Auge behalten und prophylaktisch behandeln (siehe Seite 117). Die übrigen Pflanzen werden es danken, denn sie werden entsprechend weniger heimgesucht.

Übrigens sind Ameisen gute Freunde der Blattläuse. Sie ernähren sich vom Honigtau, der von den Blattläusen ausgeschieden wird. Im Gegenzug schützen die Ameisen die Blattläuse.
Ganz so nett sind die Ameisen dann aber doch nicht: Untersuchungen haben gezeigt, dass Ameisen die Läuse mit chemischen Stoffen langsamer machen oder ihnen die Flügel ausreißen, sodass sie nicht abhauen können.

FRÜHLINGSFLOR

Tulpe

Maßliebchen

Vergissmeinnicht

EINJÄHRIGE SOMMERBLUMEN

Zauberglöckchen

Eisenkraut

Margerite

Schmuckkörbchen

Ziertabak

Kapuzinerkresse

Schwarzäugige Susanne

STAUDEN

Ziersalbei

Fetthenne

Edeldistel

Spornblume

Schwertlilie

GEHÖLZE

Hibiskus

Clematis

Falscher Jasmin (Pfeifenstrauch)

Korkspindelstrauch

Balkon im Frühjahr

Wenn im März die ersten Sonnenstrahlen die Pflanzen wieder zu neuem Leben erwecken, beginnt die Zeit der Frühlingsblumen und Zwiebelblüher. Sie läuten die neue Saison ein und setzen mit ihren strahlenden Blüten Farbakzente zwischen den noch kahlen Sträuchern.

FRÜHLING AUF DEM BALKON

Der Frühling ist da! Zwischen Ende Februar und Anfang April geht die Draußensaison los und damit die aktivste Zeit für Balkongärtnerinnen und -gärtner. Die Natur erwacht aus dem Winterschlaf, die ersten Frühlingsblüher schieben ihre Triebe aus der Erde und die graubraune Stimmung des Winters wird von leuchtenden Farben abgelöst. Aber Achtung: Auch im Frühling kann es noch frostige Nächte geben!

GROSSPUTZ

Die ersten schönen Tage eignen sich für ein Großreinemachen. Tauschen Sie alte Erde aus und entfernen Sie Herbstlaub. Schneiden Sie abgestorbene Triebe zurück. Sonnenschirm und Polster können aus dem Winterlager geholt werden. Den Sonnenschirm können Sie einfach abbürsten, die Polster geben Sie bei Bedarf in die Reinigung, damit sie bald saisonbereit sind.

Gebrauchte Pflanzgefäße sollten gereinigt werden, bevor sie mit neuen Saisonpflanzen besetzt werden.

GÄRTNERN IM FRÜHLING

Wenn Sie Sommerblumen oder Küchenkräuter selbst anziehen möchten, können Sie ab Ende Februar mit der Aussaat beginnen (siehe Seite 127). Sie wachsen bis Ende März heran und können schrittweise an den Standort im Freien gewöhnt werden. Zur Abhärtung stellt man sie anfangs stundenweise, später den ganzen Tag ins Freie, aber noch nicht in die direkte Sonne. So können sich die zarten Jungpflänzchen an die kühleren Temperaturen und das intensivere Licht draußen gewöhnen. Wenn die Nächte frostfrei bleiben, können sie auch, an die Hauswand geschoben, draußen bleiben. Gräser, Zierkohl und Fetthenne können zurückgeschnitten werden. Kaufen Sie Frühlingspflanzen ein. Möchten Sie im Internet Pflanzen bestellen, sollten Sie rechtzeitig mit der Recherche beginnen. Sonst ist schon die Hälfte des Frühlings vorbei, bis die Pflanzen da sind!

Jetzt beginnt die Pflanzzeit

AB MÄRZ/ANFANG APRIL

Hornveilchen, Vergissmeinnicht und Tausendschön, Frühlingszwiebelblüher wie Schneeglöckchen, Tulpen und Narzissen – **alle frostharten Pflanzen können schon zeitig in die Pflanzgefäße** gesetzt oder in Töpfen aufgestellt werden. Bei den Küchenkräutern vertragen Petersilie, Schnittlauch, Liebstöckel sowie mediterrane Kräuter auch mal die eine oder andere kalte Nacht und können jetzt gepflanzt werden. Beim Thymian vom Vorjahr die trockenen Stellen entfernen. Auch robuste Gemüsesorten wie Salate und Mangold können ausgesät werden.

AB ENDE APRIL/MITTE MAI

Sobald nicht mehr mit Spätfrost zu rechnen ist, können auch **empfindlichere Sommerblumen gepflanzt werden**. In unserem Service-Teil ab Seite 210 finden Sie viele Vorschläge für pflegeleichte Pflanzen. Auch kälteempfindliche Gemüsesorten wie Paprika, Chili und Tomaten sowie Kräuter wie Basilikum, Zitronenverbene und Zitronengras können raus auf den Balkon.

VÄTERCHEN FROST

Wenn die Frostgefahr noch nicht gebannt ist, stellen Sie die Pflanztöpfe nah an die Hauswand. Die abstrahlende Wärme schützt die Pflanzen.

GUT GEEIGNET:
Thymian, Kapuzinerkresse, Patagonisches Eisenkraut, Löwenmäulchen, Prachtkerze oder Goldzweizahn.

PFLANZEN SELBST ZIEHEN

Es ist gar nicht so schwer, Pflanzen für den Balkon selbst anzuziehen. Man kann sie auf der Fensterbank in Schalen oder Minigewächshäusern aussäen und dann ab Mitte/Ende April ins Freie pflanzen.

So geht's: Samenetikett beachten, dort finden Sie alle wichtigen Infos zur Aussaat. Nicht zu früh beginnen, sonst werden die Pflänzchen im Zimmer zu groß und wachsen auf dem Balkon nur zögerlich weiter.

1 Füllen Sie flache Aussaatschalen oder Quelltöpfe (torffrei) mit Aussaaterde, drücken Sie sie leicht an und streuen Sie die Samen darüber.

2 Samen mit Erde bedecken, wenn auf dem Etikett angegeben. Einige Arten brauchen Licht zum Keimen, diese nicht abdecken.

3 Die Sämlinge mit einer Gießbrause angießen oder mit einer Blumenspritze besprühen, bis die Oberfläche der Aussaaterde durchfeuchtet ist.

4 Mit einer durchsichtigen Haube abdecken, dann warm und hell am Fenster aufstellen. Wenn sich die ersten Keimblättchen zeigen, ab und zu lüften, damit sich kein Schimmel bildet.

5 Stehen die Sämlinge zu dicht, sollte man sie nach einigen Wochen pikieren, also einzeln oder zu mehreren in kleine Töpfchen setzen. Dazu löst man sie mit einem Hölzchen oder einem Bleistift und fasst sie vorsichtig an den Keimblättern an. Neu getopft noch ein paar Tage auf der Fensterbank stehen lassen.

ABHÄRTEN UND AUSPFLANZEN:
Damit die Sämlinge im Freien keinen Temperaturschock erleiden, stellt man sie anfangs stundenweise in den Halbschatten, später auch tageweise. In kalten Nächten ins Haus holen. Ab Ende April/Mitte Mai, wenn keine Nachtfröste mehr drohen, kommen die Jungpflanzen an ihren eigentlichen Platz im Balkonkasten.

TOLLE PFLANZEN FÜR DEN FRÜHLING

Mit diesen Blumen holen Sie sich den Frühling auf den Balkon. Sie werden fast alle ab März/April blühend angeboten und können direkt eingepflanzt werden. Wenn sie welk sind, einfach oberhalb der Erde abschneiden. Der Wurzelballen verschwindet von alleine.

HORNVEILCHEN

Standort: Sonnig bis halbschattig, Boden gleichmäßig feucht.

Merkmale: Wuchs kriechend bis horstartig, oft über den Topfrand hängend. Blüten in allen Farben von Reinweiß über Rosa, Violett, Gelb, Orange, auch zwei- oder mehrfarbig. Blütezeit von März bis maximal Juli.

Besonderheiten: Hornveilchen verschaffen einer Pflanzung durch ihren kompakten Wuchs und die unzähligen Blüten einen geschlossenen, Charakter.

MASSLIEBCHEN

Standort: Sonnig bis halbschattig, gleichmäßig feucht, durchlässige Erde.

Merkmale: Wuchs flach in Rosetten, Blüten weiß, rosa oder rot; bei den Zuchtformen meist dicht gefüllt, wie kleine Pompons. Blüht von März bis Juni.

Besonderheiten: Die Naturform ist das altbekannte „Gänseblümchen". Ideal auch als Lückenfüller, bis die Sommerbepflanzung größer geworden ist.

VERGISSMEINNICHT

Standort: Sonnig bis halbschattig, Erde immer feucht halten, verträgt keine Trockenheit.

Merkmale: Horstartig wachsende Pflanze, bis zu 30 cm hoch, mit rau behaarten Blättern und bläulich-rosa Blüten, die von März bis Anfang Juni erscheinen. Sät sich von alleine aus, wenn es ungestört wachsen kann.

Besonderheiten: Es gibt auch rosa und weiß blühende Sorten.

GOLDLACK

Standort: Sonnig. Boden durchlässig und mäßig trocken, nicht zu feucht.

Merkmale: Wuchs aufrecht buschig. Blüten weiß, gelb, orange, rot oder violett, gefüllt und ungefüllt. Blütezeit von April bis Juni.

Besonderheiten: Die Pflanzen sind auch nach der Frühlingssaison noch attraktiv und haben Nachblüten bis Ende November.

RANUNKEL

Standort: Sonne bis halbschattig, nicht zu nass und nicht zu trocken.

Merkmale: Wird bis zu 40 cm hoch, blüht von Mai bis Juni mit Blüten in Weiß, Gelb, Orange, Rosa oder Rot.

Besonderheiten: Anspruchslose Knollenpflanze. Vor dem Winter kann die Knolle ausgegraben werden und bei 6 bis 8 °C überwintern.

STIEFMÜTTERCHEN?

SIE HABEN GROSSE BLÜTEN in plakativen Farben. Leider machen sie auf dem Balkon keine gute Figur.

ES GIBT SIE IN VIELEN Farben, ein- und mehrfarbig, aber die großen, hochgezüchteten und künstlich wirkenden Blüten sind ganz schön kopflastig und hängen schnell nach unten. Ein wirklich trauriger Anblick! Frühlingshafte Leichtigkeit sieht anders aus. Die großen Blüten beherrschen schnell das Erscheinungsbild einer Pflanzung, so dass zartere Gewächse kaum noch ins Auge fallen.

HORNVEILCHEN!

ZUM VERWECHSELN ÄHNLICH SIND SIE den Stiefmütterchen. Sie wachsen in Pflanztöpfen aber viel schöner.

IHRE STIELE WERDEN NICHT GANZ SO LANG, die Blüten sind kleiner. Daher stehen Hornveilchen sicher im Pflanztopf ohne umzuknicken. Es gibt sie von Weiß über Rosa bis hin zu Rubinrot, Violett, Blau, in Gelb und Orange, ein- bis dreifarbig,sie fügen sich leicht in Pflanzkombinationen ein. Sie breiten sich schnell aus und versamen sich gern, so dass neue Exemplare im Herbst auftauchen.

NOCH MAL 5 TOLLE FRÜHLINGSBLUMEN

Auch diese Frühlingsblumen sind besonders schön und vor allem pflegeleicht. Zwiebelblumen gehören zu den ersten Frühlingsboten, die ab März ihre Triebe aus der Erde strecken. Dazu müssen sie schon im vorherigen Herbst gepflanzt werden. Schützen Sie die Gefäße im Winter vor Nässe, dann ist die Farbenpracht im nächsten Frühling garantiert.

BLAUSTERNCHEN

Standort: Sonnig bis halbschattig, durchlässiger Boden, nicht zu feucht.

Merkmale: Blüten weiß, rosa oder blau, erscheinen im März und April. Die Blätter sind lang, schmal und glänzend grün.

Besonderheiten: Die Zwiebeln werden im September und Oktober etwa 8 bis 10 cm tief gesteckt. Breiten sich schnell aus, wenn ihnen der Standort zusagt.

TRAUBENHYAZINTHE

Standort: Sonnig bis halbschattig, verträgt auch zeitweise Trockenheit und ist sehr anspruchslos.

Merkmale: Blüten weiß blau-weiß oder blau, in dichten Rispen. Blütezeit von März bis Mai. Blätter riemenförmig, überhängend oder niederliegend. Breitet sich schnell aus.

Besonderheiten: Die Zwiebeln werden im September oder Oktober etwa 5 bis 8 cm tief gesteckt.

ZWERGNARZISSE

Standort: Sonnig, auf gute Dränage achten. Braucht nach der Blüte Dünger, damit die Zwiebel eine neue Blüte ansetzen kann.

Merkmale: Blüten mit glockiger Trompete oder gefüllt, weiß, gelb oder orange, auch zweifarbig. Blütezeit je nach Sorte von März bis Mai. Viele Sorten duften intensiv.

Besonderheiten: Zwergnarzissen werden im Frühling oft blühend im Topf angeboten. Nach der Blüte die Zwiebeln in die Balkonerde einsetzen.

KÜCHENSCHELLE

Standort: Sonnig in nährstoffarmem Boden. Substrat sollte sehr wasserdurchlässig sein. Verträgt Trockenheit.

Merkmale: Die weißen, blau- oder rotvioletten, glockenförmige Blüten erscheinen von April bis Mai. Die Blütenblätter sind außen behaart.

Besonderheiten: Wird als Heilpflanze eingesetzt. Sie ist giftig, daher nicht selbst damit behandeln!

HYAZINTHE

Standort: Nicht zu feste, eher lockere, aber nährstoffreiche Pflanzerde in voller Sonne.

Merkmale: In den Farben blau-violett, weiß, hell- und dunkelrosa blühende Pflanze, die auch im Zimmer wächst.

Besonderheiten: Der sehr intensive Geruch wird nicht von jedem als angenehm empfunden. Im Gegensatz zu Tulpen kommen Hyazinthen bei guter Dränage der Kästen jedes Jahr wieder.

TULPEN

Unter den Zwiebelblumen gehören Tulpen zu den besten für große Pflanzgefäße. Die Zwiebeln sind robust gegenüber Kälte und Nässe, daher wachsen sie zuverlässig in Topf und Kasten. Die Sorten blühen zu unterschiedlichen Zeiten. Frühe Tulpen beginnen schon im März zu blühen, die Blüten der späten Tulpen bleiben mit etwas Glück bis Mitte Juni. Mit einer Kombination aus mehreren Sorten haben Sie das ganze Frühjahr prächtige Farben auf dem Balkon.

SORTENVIELFALT

Tulpen werden seit vielen Jahrhunderten gezüchtet. Es entstanden Tausende Tulpensorten in vielen Farben und Formen. Von Weiß über Creme und Gelb, Orange, Rot, Rosa, Pink, Violett und fast Schwarz sind alle Kombinationen möglich. Neben den normalen und gefüllt blühenden Sorten gibt es noch geschlitzt blühende, sogenannte Papagei-Tulpen, und solche mit eleganten, zugespitzten schmalen Blütenblättern, die lilienblütigen Tulpen. Die Höhe variiert zwischen 20 und 50 Zentimetern, die Blätter sind grün, grün-weiß oder rot-grün gestreift und ein zusätzlicher Hingucker. Die großblütigen Sorten können in den Pflanztöpfen zu Ostern oder Pfingsten als Dekorationsobjekt dienen. Kleinblütige Botanische Tulpen, deren elegante Blüten sehr gut duften, sehen insgesamt natürlicher aus.

EINPFLANZEN UND PFLEGE

Tulpenzwiebeln haben eine flache und eine gewölbte Seite. An der flachen Seite erscheint das erste große Laubblatt. Wenn Sie die Zwiebeln in den Topf stecken, sollte die flache Seite nach außen zum Rand weisen, dann hängen die Blüten später nicht über den Topfrand und knicken nicht ab.
In der Regel blühen Tulpen in Gefäßen nur im ersten Jahr. Deshalb lohnt sich weder das im Garten übliche etappenweise Zurückschneiden noch eine Düngung. Auch aus optischen Gründen empfiehlt es sich, die Tulpe nach der Blüte kurz oberhalb der Erde zurückzuschneiden.
Alternativ könnte man die Zwiebeln nach der Blüte aus der Erde nehmen, sie trocknen und im nächsten Herbst wieder einsetzen. Doch auch dieser Aufwand wird erfahrungsgemäß nicht mit vielen Blüten belohnt, so dass Sie für eine üppige Tulpenblüte im nächsten Frühjahr jedes Jahr im Herbst neue Tulpenzwiebeln nachstecken.

HITLISTE

Tulpen gibt es in fast allen Farben. Hier finden Sie eine kleine Sortenauswahl, die sich auf dem Balkon bewährt hat.

QUEEN OF THE NIGHT

mit einfacher schwarz-violetter Blüte von April bis Mai

BLUE DIAMOND

mit gefüllter violetter Blüte von April bis Mai

ANGELIQUE

mit mehreren rosafarbenen Blüten an einem Stängel

ILE DE FRANCE

mit einfacher, dunkelroter Blüte von April bis Mai

APPELDORN (ROT)

mit einfache Blüte von April bis Mai

APPELDORN (GELB)

mit einfacher Blüte von April bis Mai

ORANGE LION

mit einfacher gelb-oranger Blüte von April bis Mai

WILDHOF

mit einfacher weißer Blüte von April bis Mai

FORESTIANA PURISSIMA

mit einfacher weißer Blüte von März bis April

MÜCKENSCHRECK?

PFLANZEN, DIE MÜCKEN ODER andere lästige Balkonbesucher abwehren, haben oft auch auf Menschen eine abschreckende Wirkung.

Schwarz- oder Blaulichtlampen, die die **MÜCKEN ANLOCKEN** und mit Stromschlägen töten sollen, wirken draußen kaum.

Wer den Geruch erträgt und **WEIHRAUCH** zur Mückenabwehr einsetzen will, sollte ihn in einen einzelnen Topf setzen. Er wuchert sehr stark und verdrängt andere Pflanzen. So kann man ihn auch schnell wegstellen, falls der Duft doch einmal zu sehr in der Nase kitzelt.

BESSER-TRICK!

Duftlampen mit Citronella-Öl riechen relativ angenehm und vertreiben die lästigen Plagegeister.

ZWAR HABEN MANCHE PFLANZEN wie der Weihrauch oder das Lakritzkraut durch ihren strengen Geruch durchaus eine mückenvertreibende Wirkung, sie riechen aber auch für die menschliche Nase nicht besonders angenehm. Die Abwehrwirkung von Duftpelargonien oder Minzen ist zweifelhaft und ihr Duft verursacht bei einigen Menschen Kopfschmerzen.

SCHMETTERLINGSMAGNET!

SCHMETTERLINGE, HUMMELN, BIENEN UND Schwebfliegen werden von bestimmten Pflanzen unwiderstehlich angezogen.

ACHTEN SIE BEI SOMMERBLUMEN auf Sorten mit einfachen Blüten, die produzieren Pollen und süßen Nektar, der Insekten anlockt. Unter den Stauden, die Schmetterlinge und Co. anziehen und sich auf dem Balkon wohlfühlen, sind Prachtscharte, Duftnessel, Zierlauch und Patagonisches Eisenkraut. Auch Sommerflieder, Lavendel, Thymian und Rosmarin sind bei Insekten beliebt.

ZIERSTRÄUCHER

Sträucher setzen Akzente auf Ihrem Balkon. Die folgenden Ziersträucher zeichnen sich durch schöne Blüten und attraktives Laub aus. Sie sind so robust, dass sie mit den Bedingungen in Töpfen und Kübeln gut zurechtkommen. Die Sträucher sollten regelmäßig gedüngt werden. In den Kübeln erhalten sie sonst zu wenige Nährstoffe.

BLUTJOHANNISBEERE

Standort: Sonnig bis halbschattig, anspruchslos, verträgt auch gelegentliche Trockenheit. Die Pflanzerde darf nicht zu nass sein.

Merkmale: Sommergrün, locker aufrecht mit rosaroten Blüten, die in bis zu 8 cm langen, hängenden Trauben entlang der Triebe stehen. Beeren schwärzlich, unscheinbar. Blätter mattgrün, im Herbst gelb.

Besonderheiten: Insektenmagnet. Nach der Blüte Triebe auf ein Drittel der Länge zurückschneiden.

PFEIFENSTRAUCH

Standort: Sonnig bis halbschattig, anspruchslos, sollte nicht austrocknen.

Merkmale: Triebe locker überhängend, mit kleinen frischgrünen, oberseits bläulichen Blättern und von Mai bis Juni über und über mit weißen Blüten bedeckt..

Besonderheiten: Ältere Triebe sollten Sie nach der Blüte bald herausschneiden.

ZWERGSPIERE

Standort: Sonnig bis halbschattig, Pflanzerde sollte nicht austrocknen, aber auch nicht zu nass sein.

Merkmale: Wuchs kompakt und buschig, Blüten in Dolden am Ende der Triebe, in Weiß, Rosa und Purpurviolett, vom Juni bis Juli. Blätter dunkelgrün, im Herbst bronzerot bis orangefarben.

Besonderheiten: Die Sorte 'Goldflamme' hat im Austrieb orangerote Blätter, die sich zum Sommer hin über Gelb nach Grün umfärben.

RAUBLÄTTRIGE DEUTZIE

Standort: Sonnig bis heller Halbschatten, keine besonderen Ansprüche.

Merkmale: Die weißen Blüten sehen aus wie Sternchen. Der Strauch wird ca. 1,5 Meter hoch.

Besonderheiten: Wächst sehr langsam, daher muss sie nur wenig geschnitten werden. Auch Jahre ohne Rückschnitt sind kein Problem.

RISPENHORTENSIE

Standort: Sonnig bis halbschattig und unbedingt windgeschützt, keine Staunässe.

Merkmale: Blätter saftiggrün, Blüten als weiße Rispen, die sich bei den meisten Sorten im Verblühen erst rosa verfärben, bevor sie braun werden.

Besonderheiten: Schnitt erst nach dem Winter, damit die Triebe und nicht die Wurzeln zurückfrieren.

EISTOD?

EIN SONNENSTRAHL macht noch keinen Sommer. Vor Mitte Mai riskieren Sommerblumen ihr Leben.

Im Februar blühende Pflanzen für den Balkon zu kaufen, ist nicht immer eine gute Idee. Die Pflanzen wurden in **GEWÄCHSHÄUSERN** angezogen, die viel wärmer sind, als es die Jahreszeit naturgemäß zulassen würde.

Die meisten Sommerblumen vertragen keinen **FROST**. Sie gehen bei Minusgraden mit sehr großer Wahrscheinlichkeit ein.

Wenn die Pflanzen schon draußen sind und eine kalte Nacht angekündigt ist, hilft eine **ABDECKUNG** mit einem Gärtnervlies, Noppenfolie oder auch einem Bettlaken. Das reduziert die Wärmeabstrahlung von den Pflanzen zur frostigen Luft und schützt vor Kälteschäden.

SPÄTFRÖSTE ODER KALTE NÄCHTE SIND bis Mitte Mai nichts Seltenes. Besonders bei klarem Himmel kann es zu Kälteschäden an jungen Blättern, Trieben und Blütenknospen kommen, selbst wenn die Temperatur gar nicht unter den Gefrierpunkt gesunken ist. Bei bewölktem Himmel besteht weniger Gefahr, da die Wolken die Wärmeabstrahlung der Erdoberfläche vermindern.

EISHEILIGE!

„PFLANZE NIE VOR DER KALTEN SOPHIE!"
Wer diese Bauernregel befolgt, ist meist auf der sicheren Seite.

Vor allem viele **GEMÜSESORTEN** wie Paprika und Tomaten mögen Kälte gar nicht und kommen daher erst gegen Ende Mai auf den Balkon. Salate, Mangold und Radieschen können aber schon vorher ausgesät werden.

Die allermeisten **ZWIEBELBLUMEN** halten fast alle Minusgrade aus. Sie legen bei Frost eine Wachstumspause ein.

WER SICHERGEHEN MÖCHTE, wartet mit dem Einpflanzen frostempfindlicher Sommerblumen bis Mitte Mai. Die „Eisheiligen" (11. bis 15. Mai) sind dann vorbei. Die Wahrscheinlichkeit, dass es danach noch einmal zu Kälteeinbrüchen kommt, ist denkbar gering, und wenn, dann hat man eher auf dem Land in Bodennähe Frost als in der Stadt hoch oben auf dem Balkon.

Balkon im Sommer

Ab Juni steuert die Balkonsaison auf ihren Höhepunkt zu. Mit den richtigen Pflanzen ist man nicht ständig mit Ausputzen, Reinigen und Gießen beschäftigt, sondern kann die Beine entspannt hochlegen.

SOMMER AUF DEM BALKON

Die Sonne scheint bis spät in den Abend, die Nächte sind lau. Ganz klar, im Sommer nutzen Sie den Balkon oder die Dachterrasse am intensivsten. Und dazu liegt der Balkon als Urlaubsziel besonders nah! Mit den richtigen Pflanzen können Sie die Freizeit auch genießen. Pflegeleichte Gewächse, die nicht viel Wasser benötigen, Sonne und Hitze vertragen, und auch einen heftigen Sommerschauer überstehen, machen das Balkongärtnern fast zur Entspannungsübung. Der Sonnenschirm schützt übrigens nicht nur Sie vor zu viel Sonne, sondern auch Ihre Pflanzen.

HERAUSFORDERUNGEN IM SOMMER

Der Sommer ist die Jahreszeit zum Ausspannen, für viele Pflanzen auf dem Balkon ist er

aber auch einen Belastungstest. Da die Erde in den Pflanzgefäßen schnell austrocknet und der Wasservorrat begrenzt ist, sollten Sie häufiger gießen. Da Sie sich aber auch häufiger auf dem Balkon aufhalten, haben Sie die Blumen ohnehin besser im Blick. Kleiner Tipp: Füllen Sie die Gießkanne nach dem Wässern gleich wieder auf. Zum einen kann sich das Wasser dann langsam auf Außentemperatur erwärmen, zum anderen können Sie gleich gießen, wenn Sie eine gestresste Pflanze sehen, ohne sich zum Befüllen der Gießkanne überwinden zu müssen. Noch leichter machen Sie es sich mit einer automatischen Bewässerung. Dazu mehr auf den Seiten 108/109.

Sonnenbrand

Auch Pflanzen können Sonnenbrand bekommen, der sich durch **gelbliche oder braune Verfärbungen** auf den Blättern bemerkbar macht. Besonders gefährdet sind Zimmerpflanzen, die kurzzeitig auf den Balkon gestellt werden, und Kübelpflanzen, wenn sie aus dem Winterquartier kommen. Ihre Blätter sind die **intensive UV-Strahlung** der Sonne im Freien nicht gewohnt und werden geschädigt. Da die Schäden irreversibel sind, müssen betroffene Triebe entfernt werden. Schutz bietet nur eine langsame Gewöhnung der Pflanzen an die direkte Sonne.

SOMMERBLUMEN

Von Mai bis Oktober blüht die Blaue Mauritius mit ihren silbrig-grünen Blättern und hellblauen Blüten an langen, überhängenden Trieben. Die weiße Schneeflockenblume hat zart-duftige kleine weiße Blüten, die den ganzen Sommer bis spät in den Herbst erscheinen. Die Liste der Balkonsommerblumen ist lang: Husarenknöpfchen, Elfenspiegel, Goldzweizahn … Weitere finden Sie in diesem Kapitel und im Service-Teil ab Seite 210.

HALBSTAUDEN

Halbstauden sind in Deutschland nur begrenzt frostfest und überleben nicht jeden Winter. Das Patagonische Eisenkraut lockt mit den violetten Blütendolden, die in mehr als einem Meter Höhe fast schon schweben, viele Insekten an.
Die Prachtkerze gibt es in Rosa und Weiß. Während die rosafarbenen Stauden im Winter oft eingehen, sind die weißen etwas robuster. Man kann sie aber auch getrost wie Einjährige verwenden.
Die neonpink blühende Mittagsblume kommt , wenn man sie trocken hält, besser über den Winter.

MITTENDRIN

... UND DOCH PRIVAT. Die üppig wachsenden Blumen sorgen für Sichtschutz zum Nachbarn.

SICHTSCHUTZ DURCH ABLENKUNG: Die Stauden und Sommerblumen auf diesem Balkon lenken alle Blicke auf sich und weg von dem Balkon des Nachbarn. Die breiten Balkonsimse bieten viel Platz für geräumige Pflanzkästen, die mit ausdauernden Stauden und Gräsern bepflanzt sind. Sie werden von reich blühenden Sommerblumen ergänzt, die von Mai bis in den Oktober für Farbe sorgen.

STRAND IN LUFTIGER HÖHE

EINFACH AUFS DACH STATT ANS MEER! Vom Strandkorb aus kann man sich in die Dünen träumen.

Die **PFEIFENGRÄSER** 'Edith Dudszus' und 'Skyracer' sind besonders windunempfindlich. Sie blühen von August bis November und sind auch im verblühten Zustand bis zum Ende des Winters attraktiv.

BLUMENROHR erinnert an Bananenstauden. Frostempfindlich, im Winter reinstellen.

LÖWENMÄULCHEN mögen Sonne, wachsen aber auch im Halbschatten.

In der Dachbegrünung siedeln sich viele verschiedene Pflanzen von selbst an. Mit den robusten Gräsern und Seggen machen die Grünflächen das **OSTSEE-FLAIR** komplett. Am großen Tisch hat die ganze Familie Platz.

WÄRE DOCH JEDES DACH EIN FREIZEIT-PARADIES! Hier oben vergisst man die Hektik der Großstadt um sich herum ganz leicht. Der Strandkorb bringt nicht nur Strandflair aufs Dach, sondern schützt auch vor Wind in dieser exponierten Lage. In seinem Windschatten gedeihen einige stattliche Exemplare des Blumenrohrs. Die Gräser in den Grünflächen sind besonders robust und pflegeleicht. Trockentolerante Stauden und Gräser sorgen für ein natürliches Erscheinungsbild.

DUFTIG MIT AUSBLICK

VIEL PLATZ BLEIBT auf dieser Dachterrasse trotz der großen Pflanzkübel. Fliedersträucher fassen die Terrasse ein, ohne dass sie die Sicht nach außen nehmen.

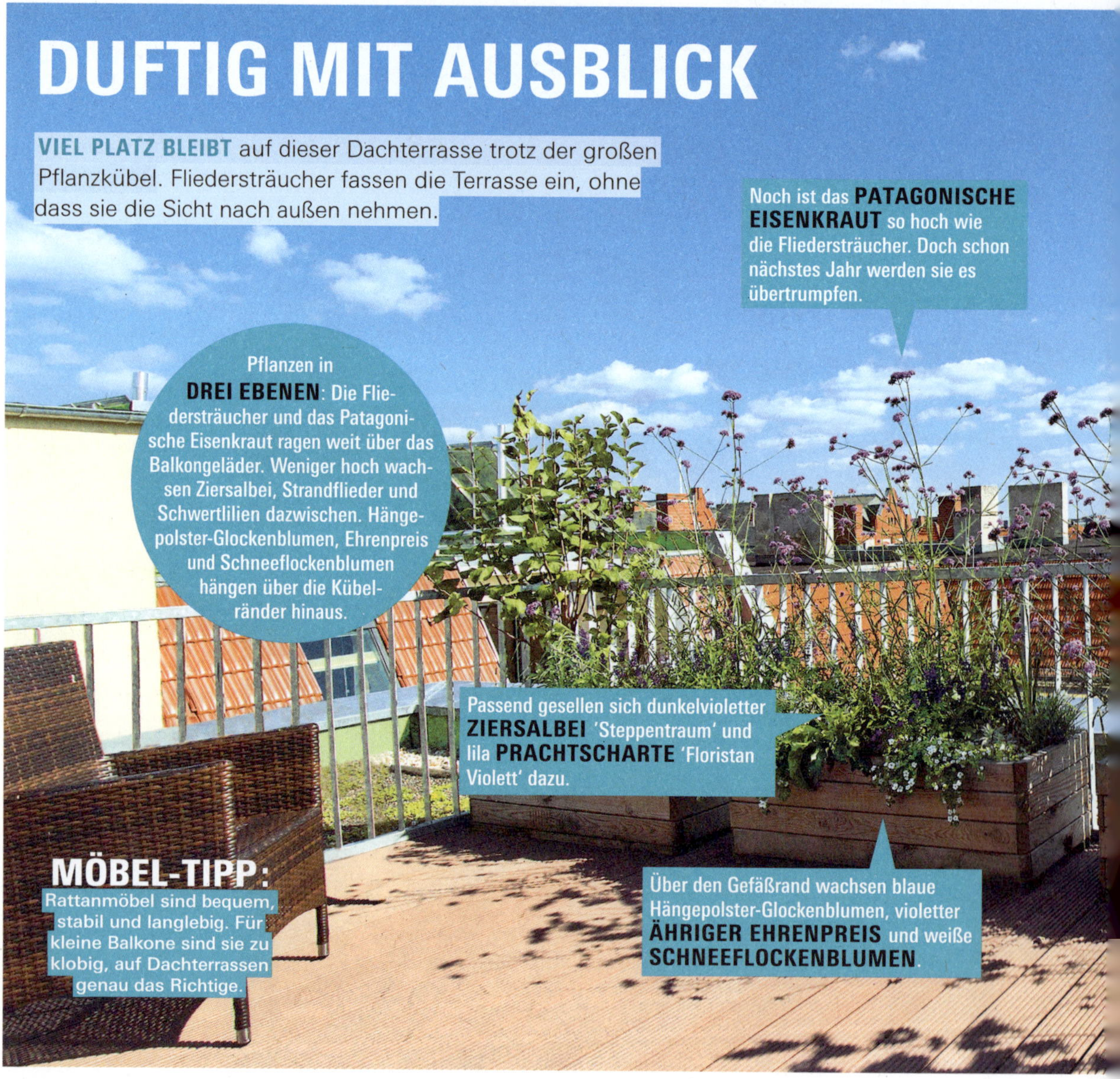

Noch ist das **PATAGONISCHE EISENKRAUT** so hoch wie die Fliedersträucher. Doch schon nächstes Jahr werden sie es übertrumpfen.

Pflanzen in **DREI EBENEN**: Die Fliedersträucher und das Patagonische Eisenkraut ragen weit über das Balkongeläder. Weniger hoch wachsen Ziersalbei, Strandflieder und Schwertlilien dazwischen. Hängepolster-Glockenblumen, Ehrenpreis und Schneeflockenblumen hängen über die Kübelränder hinaus.

Passend gesellen sich dunkelvioletter **ZIERSALBEI** 'Steppentraum' und lila **PRACHTSCHARTE** 'Floristan Violett' dazu.

Über den Gefäßrand wachsen blaue Hängepolster-Glockenblumen, violetter **ÄHRIGER EHRENPREIS** und weiße **SCHNEEFLOCKENBLUMEN**.

MÖBEL-TIPP:

Rattanmöbel sind bequem, stabil und langlebig. Für kleine Balkone sind sie zu klobig, auf Dachterrassen genau das Richtige.

IM APRIL/MAI DUFTET DER FLIEDER über alle Häuser hinweg.

Der Bodenbelag aus einem Holz-Kunststoff-Gemisch ist Rot wie die Dachziegel der umgebenden Dächer. Das Geländer behindert nicht die weite Sicht über die Häuser der Stadt. Und auch die mit Abstand aufgestellten Pflanztröge wirken alles andere als klobig – obwohl sie so voluminös sind, dass auch größere Sträucher wie Flieder in ihnen wachsen. Stauden und Sommerblumen sorgen für eine passende Unterpflanzung.

PETUNIEN?

PETUNIEN SIND BALKONSTANDARD. Aber nur wer täglich welke Blüten auszupft, wird an ihnen Freude haben.

Petunien brauchen es gleichmäßig feucht, müssen also ständig kontrolliert und gegossen werden. **BLATTLÄUSE** mögen sie besonders gerne und befallen auch die Nachbarpflanzen.

Nach einem Regenschauer kleben die Petunienblüten auch auf den Nachbarpflanzen. Wer nicht auf die großen Blüten **VERZICHTEN** möchte, sollte sie an einen regengeschützten Standort stellen.

DIE WEICHEN BLÜTEN MIT DER samtigen Oberfläche verkleben bei einem Regenschauer schnell und sind dann kein besonders schöner Anblick. Man muss die Blüten dann mühselig einzeln von den Blättern absammeln, denn sie beginnen schnell schmierig-faulig zu schimmeln, was Blatt- und Triebschäden zur Folge hat. Ein weiterer Nachteil: Petunien sind Blattlausmagneten.

PETÜNCHEN!

WESENTLICH ROBUSTER und regenfester sind Zauberglöckchen, auch unter dem Namen „Petünchen“ bekannt.

5–10

Den englischen Namen „Million Bells“ hat sie mehr als verdient. Viele kleine glockenförmige Blüten machen das Zauberglöckchen zum **HINGUCKER** auf dem Balkon.

Petünchen kann man auch im **HALBSCHATTEN** verwenden. Sie blühen dann nicht ganz so intensiv, bringen aber trotzdem Farbe in die Pflanzung.

ACHTUNG!
Petünchen sind wie Petunien Blattlausmagneten, daher nicht die Läusestäbchen vergessen!

IM GEGENSATZ ZU DEN KLASSISCHEN PETUNIEN halten die Blüten und die Blätter der Zauberglöckchen einem Regenschauer stand und werden nicht gleich welk. Sie vertragen auch sommerliche Hitze besser als Petunien und verzeihen vergessenes Gießen eher. Es gibt sie in allen Farben, sogar in Gelb und auch gefüllt blühende Sorten, deren Blüten an Nelken oder Röschen erinnern.

SOMMERBLUMEN

Sommerblumen blühen besonders üppig und lang. Sie können nicht nur Blumenkästen zieren, sondern in hochwüchsigen Arten und Sorten auch große Töpfe und Kübel schmücken. Wenn Sie regelmäßig alles Verwelkte entfernen, erscheinen ab Juni bis in den Herbst hinein immer wieder neue Blüten. Hier stellen wir Ihnen eine kleine Auswahl besonders schöner Sommerblumen vor.

BLEIWURZ

Standort: Vollsonnig und windgeschützt, stabile Erde, feucht halten.

Merkmale: Zierstrauch mit himmelblauen Blüten an langen Trieben . Die Pflanze wird bis zu 2,50 m hoch und blüht von Mai bis September.

Besonderheiten: Nicht verwechseln mit dem leuchtend blauen Bodendecker, der auch Chinesischer oder Staudenbleiwurz genannt wird.

ELFENSPIEGEL

Standort: Sonnig, durchlässiger, gleichmäßig feuchter Boden.

Merkmale: Blüht von Mai bis September in Weiß, Gelb, Orange, Rot oder Blau.

Besonderheiten: Wenn bei rotblühenden Sorten die Blütenblätter abfallen, können sie den Terrassenboden dauerhaft verfärben. Sie sind auch aufgrund ihrer geringeren Robustheit wenig empfehlenswert.

KAPMARGERITE

Standort: Sonnig und warm; aber nässeempfindlich. Nur leicht feucht halten.

Merkmale: Breit buschig, teils mit überhängenden Trieben, bis 40 cm hoch, sattgrüne Blätter. Große, margeritenähnliche Blüten, weiß, gelb, orange, rosa, rot, lila, meist mit dunkler Mitte.

Besonderheiten: Blüht lange, auch in regnerischen Sommern.

LÖWENMÄULCHEN

Standort: Sonnig. Gleichmäßig leicht feucht halten.

Merkmale: Buschig bis polsterartig, 20–40 cm hoch, schmale Blätter. Prächtige Blütenkerzen in unzähligen Farbtönen und -nuancen, je nach Sorte kräftig oder pastellig.

Besonderheiten: Wegen der großen Farbvielfalt kauft man Löwenmäulchen am besten in der Blütezeit. Nur so kann man sicher sein, dass sie zum Farbkonzept der übrigen Pflanzen passen.

SONNENBLUME

Standort: Sonnig und windgeschützt. Regelmäßig gießen, alle ein bis zwei Wochen düngen.

Merkmale: Aufrecht mit kräftigem Stängel, niedrige Sorten teils stärker verzweigt; für Töpfe kompakte Sorten mit 30 bis 60 cm Höhe wählen. Große, herzförmige Blätter und üppige Blüten, gelb, orange, tiefrot oder rotbraun.

Besonderheiten: Höhere Sorten sollten Sie mit einem Stab stützen.

ZIERLICHE ROSE?

ROSEN SIND DIE KÖNIGINNEN unter den Blumen, leider haben sie auch sehr royale Ansprüche.

Die meisten Rosensorten vertragen nur wenig Frost und müssen umständlich überwintert werden. Vor allem auf windstillen Balkonen werden sie gerne von **BLATTLÄUSEN, MEHLTAU ODER STERNRUSSTAU** befallen. Wenn es doch Rosen sein sollen: Greifen Sie zu kleinen Sorten wie den Zwergrosen, die sind etwas pflegeleichter.

ROSEN WURZELN SEHR TIEF und sind deshalb ungeeignet für normale Pflanzgefäße. Sie vertragen weder Staunässe noch stärkeren Frost und sind anfällig für Schädlinge und Pilze. Nicht nur empfindlich, sondern auch noch arrogant: Rosen ertragen kaum andere Pflanzen in ihrer Nachbarschaft. Damit Rosen auf dem Balkon gedeihen, muss man ein kleines Gärtnerdiplom haben.

ZIERSALBEI!

6–9

GIBT AUCH DEN TON AN: Ziersalbei ist eine zuverlässige Leitpflanze für Ihren Balkon.

ACHTUNG!

Achtung! Ziersalbei ist im Gegensatz zum essbaren Apothekersalbei ein Läusemagnet, daher nicht die Läusestäbchen vergessen!

Alle Sorten kommen im nächsten Jahr wieder! Salvia nemorosa 'Wesuwe' und 'Caradonna' sind sehr **KRANKHEITSRESISTENT**. Sehr schön in Kombination mit Lampenputzergras, Patagonischem Eisenkraut und rubinrot blühender Hoher Fetthenne.

Extra FROST-RESISTENT

Diese Pflanzen **LEITEN** auch gut: Ehrenpreis, Prachtscharte und Strandflieder.

ZIERSALBEI EIGNET SICH gut als tonangebende Pflanzen-Grundausstattung auf dem Balkon, da er besonders frosthart ist. Seine violetten, weißen, blauen oder rosafarbenen Blüten bleiben von Mai bis September, bei Rückschnitt sogar bis November. Die Pflanze steckt dann alle Kraft in die Blüten. Ziersalbei benötigt nicht viel Wasser, ist also auch für Gießmuffel eine tolle Balkonpflanze.

MÄNNERTREU?

LOBELIEN, AUCH MÄNNERTREU genannt, blühen besonders intensiv, sind aber alles andere als verlässliche Partner!

Von wegen treu! Männertreu geht oft schon lange vor dem ersten Frost ein. Seine Blüten **VERTROCKNEN**. Vor allem, wenn man die Blume pflückt, fällt die Blüte bereits nach kürzester Zeit ab. Tatsächlich verdankt die Blume ihren Namen dem Vergleich der Blüte mit der angeblich nicht lange bestehenden Treue der Männer.

PFLEGE-TIPP:

Hängepflanzen wachsen sehr schnell. Daher können Sie unschöne Stellen einfach rausschneiden. Die Lücken schließen sich zügig wieder.

DIE KLEINEN ZARTEN BLÜTEN sind je nach Sorte dunkel violettblau, rosa oder weiß und hüllen die Pflanze bei optimaler Pflege über und über ein. Leider ist Männertreu unberechenbar. Bei gleicher Pflege geht die eine Pflanze ein, während die Nachbarpflanze herrlich blüht. Auf die Treue ist also kein Verlass. Auf so komplizierte Pflanzen sollten Sie besser verzichten.

TREU BIS ZUM SCHLUSS!

WARUM KOMPLIZIERT, wenn es auch einfach geht. Es gibt etliche pflegeleichte und robuste Hängepflanzen als Alternative!

Extra PFLEGE-LEICHT

VERSAMT sich leicht, so dass einzelne Exemplare auch die nächsten Jahre auftauchen.

Duftsteinrich gibt es auch mit dunkelvioletten oder rosa Blüten. Er verträgt längere Trockenheit und pralle Sonne und braucht bei guter Erde kaum Dünger. **BESONDERS SCHÖN** als Unterpflanzung unter einem Hibiskus oder einer Ölweide.

PFLANZ-TIPP:
Setzen Sie Hängepflanzen auf der Balkonbrüstung auf die Innenseite der Pflanzgefäße, sodass sie sich durch die übrigen Pflanzen nur schwer den Weg zur Straßenseite bahnen können. Dann wachsen sie zur Wohnungsseite hinunter.

DAS STEINKRAUT, AUCH Duftsteinrich genannt, blüht eindrucksvoll vom Frühling bis zum Frost und wirkt vom Wuchs ganz ähnlich wie Männertreu. Und dazu duftet er noch angenehm! Auch die überhängend wachsende Schneeflockenblume ist eine denkbare Alternative. Und ebenfalls bis zum Frost blüht die Fächerblume, die mit blau-violetten, weißen und rosa Blüten angeboten wird.

BESONDERS SCHÖNE HÄNGEPFLANZEN

Von „fliegenden Pflanzen“ in Ampeln raten wir ab, denn die Pflege ist unverhältnismäßig aufwendig und selten halten die Pflanzen lange. Aber mit ihren langen, überhängenden Trieben und Ausläufern, die über den Topf hinauswachsen, sind sie ideal als Randbepflanzung hoher Gefäße oder für die Balkonbrüstung.

BLAUE MAURITIUS

Standort: Sonnig, gern vollsonnig, am besten etwas regengeschützt. Gleichmäßig leicht feucht halten, alle zwei Wochen schwach dosiert düngen.

Merkmale: Bis 1 m lange Triebe und silbriggrüne Blätter. Hellblaue bis hellviolette Trichterblüten von Mai bis Oktober.

Besonderheiten: Wächst nicht so stark wie andere Hängepflanzen und lässt sich daher gut mit anderen Blumen in einem Kasten kombinieren.

FÄCHERBLUME

Standort: Sonnig bis halbschattig. Regenfest. Mäßig feucht halten, wöchentlich schwach dosiert düngen.

Merkmale: Einjährig kultivierte Staude, buschig ausladend, mit weit überhängenden, meterlangen Trieben. Violette, blaue oder weiße, wie kleine Fächer geformte Blüten von Juni bis Oktober.

Besonderheiten: Fächerblumen werfen ihre welken Blüten teils von selbst ab, sodass kaum Ausputzen nötig wird.

HUSARENKNÖPFCHEN

Standort: Sonnig. Stets leicht feucht halten, alle zwei bis drei Wochen schwach dosiert düngen.

Merkmale: Kompakte Sommerblume mit grazil überhängenden Trieben. Von Juni bis Oktober mit kleinen, gelben Blüten übersät.

Besonderheiten: In gemischten Balkonkästen sehr attraktiv am seitlichen und vorderen Kastenrand; ebenso als schmucke Unterpflanzung von Kübelpflanzen und Topfgehölzen.

IMMERGRÜN

Standort: Schattig bis halbschattig, verträgt auch zeitweise Trockenheit.

Merkmale: Locker aufrecht bis kriechender, überhängender Halbstrauch mit blauen, weißen oder rosa Blüten. Blätter glänzend dunkelgrün, immergrün. Blütezeit von April bis Mai.

Besonderheiten: Das Großblättrige Immergrün hat größere Blätter und hellviolette Blüten.

ZWERGEHRENPREIS

Standort: Sonnig. Pflegeleicht und anspruchslos.

Merkmale: Niedrig wachsender Ehrenpreis, der mit 10 cm Höhe zu den kleinsten Arten gehört. Blüten in langen Rispen. Blätter kräftig grün, Blütezeit von Juni bis August.

Besonderheiten: Der etwas höher wachsende Silberpolster-Ehrenpreis besticht mit dunkelblauen Blüten und silbrigen Blättern.

ROSTIGE BIRNEN?

BIRNBÄUME SIND SELBST für erfahrene Gärtner harte Arbeit, die selten viele Früchte trägt.

Birnen sind nichts für den Balkon. Während der Blüte sind Birnbäume kälteempfindlich. Auch bei kompakten Sorten ist **KEIN VERLASS** darauf, dass sie nicht doch viel zu ausladend für den Balkon wachsen. Birnbäume müssen für gute Ernten regelmäßig zurückgeschnitten werden.

GERADE BIRNEN SIND WEGEN ihres säulenartigen, aufrechten Wuchses bei Wind gefährdet und deshalb auf Balkon und Dachterrasse schwierig zu halten. Außerdem sind sie anfällig für viele Schädlinge und Krankheiten wie die Birnengallmücke, Birnenknospenstecher und Birnengitterrost. Missernten und entsprechender Frust sind hier leider geradezu programmiert.

KNACKIGE ÄPFEL!

APFELBÄUME IM KÜBEL lassen auf eine richtig gute Ernte hoffen.

Extra SCHÄDLINGS-RESISTENT

Apfelbäume für den Balkon sind als echte „Ballerina-“ oder Säulenbäumchen so gezüchtet, dass sie nur wenig in Form geschnitten werden müssen. Es gibt Sorten, die **RESISTENT** sind gegen Apfelschorf (siehe nächste Seite).

PERFEKT! Äpfel schmecken gleich nach der Ernte. Sie können sie direkt vom Baum aus genießen.

ÄPFEL SIND DIE BELIEBTESTEN Früchte der Deutschen, daher sind die Züchtungen entsprechend intensiv. Es gibt unzählige kompakt wachsende Sorten für den Kübel. Damit ein Baum Früchte trägt, muss er von einem anderen bestäubt werden. Kein Problem, selbst in Innenstädten gibt es genügend Apfelbäume, Hummeln und Bienen erledigen die Bestäubung über weite Entfernungen.

OBSTSORTEN FÜR DEN BALKON

Überraschend viele Obstsorten eignen sich für die Pflege in Töpfen und Kübeln. Die folgenden Sorten haben sich bewährt und bringen auch bei geringer Größe durchaus beachtliche Erträge. Wichtig: Gedüngt wird nur bis Ende Juli, dann haben die Triebe genug Zeit auszureifen und kommen sicher durch den Winter. Alle hier vorgestellten Äpfel und Kirschen sind schmale, höchstens 2 bis 3 Meter hohe Säulenobstsorten. Säulenäpfel brauchen kaum einen Schnitt. Bei Säulenkirschen dagegen müssen regelmäßig zu lange Seitentriebe und mit der Zeit auch die Spitze gekappt werden.

APFEL

Goldlane: saftig, süß mit Säure, hoher Ertrag, lagerfähig, schorfresistent

Greencats: würzig, süßsauer, lagerfähig, nicht schorfresistent

Moonlight: würzig süßsauer, meist guter Ertrag, schorfresistent

Pomgold: saftig süß mit Säure, aber mild im Geschmack, hoher Ertrag, nicht schorfresistent

Rondo: säuerlich-süß, große Früchte, hoher Ertrag, gute Lagerfähigkeit, resistent gegen Schorf und Mehltau

SÜSSKIRSCHE

Cesar: Reife ab Mitte Juni, große, rote Frucht mit mittelfestem, süßem Fruchtfleisch, selbstfruchtbar, jedoch mit Fremdbefruchter besserer Ertrag

Cherryluck: Reife ab Anfang/Mitte Juli, mittelgroße Kirsche mit festem, knorpeligem Fruchtfleisch, aber mit Fremdbefruchter besserer Ertrag

Viktoria: Reife ab Mitte/Ende Juli, mittelgroße Früchte, sehr süß, festes Fruchtfleisch, aber mit Fremdbefruchter besserer Ertrag

ERDBEERE

Honeyoe: sehr frühe Reife, dunkelrote Früchte mit säuerlichem Aroma, festes Fruchtfleisch

Korona: mittelfrühe Sorte mit aromatischem Geschmack, sehr weiches Fruchtfleisch

Lambada: sehr frühe Sorte mit weichem Fruchtfleisch und sehr gutem Geschmack

Senga Sengana: mittelspäte, dunkelrote Sorte mit sehr gutem Geschmack und mittelfestem Fruchtfleisch

HIMBEERE

Rubaca: Sommerhimbeere, sehr gut für Marmeladen geeignet

Glen Coe: Dunkelviolette Früchte im Spätsommer, ohne Stacheln

Aroma Queen: süße Früchte im Herbst, wird bis 60 cm groß

Autumn Bliss: Herbsthimbeere, sehr frost- und schädlingsresistent

Golden Bliss: Herbsthimbeere mit gelben Früchten

JOHANNISBEERE

Rovada: Rote Johannisbeere, Reife ab Anfang August, große Beeren an langen Trauben mit gutem Geschmack, nicht zu sauer

Weiße Versailler: Weiße Johannisbeere, Reife ab Mitte Juli, kleine, hellgelbe Beeren an langen Trauben, aromatisch und mild im Geschmack

Titania: Schwarze Johannisbeere, Reife ab Mitte Juli, große Beeren an langen Trauben, Geschmack gut

EINMAL NASCHEN?

IM PRINZIP KANN MAN FAST jedes Gemüse auch auf dem Balkon in Kästen oder Kübeln ziehen. Aber nach dem Ernten herrscht bei vielen unschöne Leere im Topf.

KAROTTEN, RADIESCHEN, ZUCCHINI, KÜRBIS und Sellerie lassen sich zwar alle hervorragend im Topf ziehen und bringen auch einen schönen Ertrag. Aber nach dem Ernten ist der Topf entweder leer oder braucht lange Zeit, bis er wieder ansehnlich ist wie beim Schnittsalat. Gemüsesorten, die als Ganzes geerntet werden wie Karotten, hinterlassen eine Lücke im Beet.

LAUFEND ERNTEN!

BALKONGEMÜSE JA! Es gibt Sorten, die Sie lange beernten können und die die ganze Saison schön aussehen.

Entfernen Sie **SEITENTRIEBE** bei Tomaten: Sie tragen keine Blüten und auch keine Früchte, sondern nur Blätter. Dies nennt man „Ausgeizen".

Auch schöne Balkonnaschereien sind **ERDBEEREN**. Pflanzen Sie am besten mehrere Sorten, die zu unterschiedlichen Zeiten Früchte tragen. So können Sie den ganzen Sommer über ernten.

PFLEGE-TIPP:

Haben Tomaten dunkle Verfärbungen an der Ansatzstelle zur Pflanze, haben sie zu wenig Kalzium. Sprühen Sie speziellen Kalziumdünger auf die Blätter.

TOMATEN SIND IDEALES BALKONGEMÜSE. Balkontomaten sind spezielle, kompakt wachsende Sorten, die durch den buschigen Wuchs weniger Platz brauchen. Tomaten lieben Sonne. An einem sonnigen Standort werden sie besonders aromatisch. Nicht zu früh ernten, grün sind sie ungenießbar. Tomaten sollten möglichst regengeschützt stehen. So beugt man Krankheiten vor.

PFLEGE-TIPP:
Grün gepflückte Tomaten können an einem warmen, dunklen Platz in der Wohnung nachreifen. Im Kühlschrank verlieren Tomaten schnell ihr Aroma. Am besten lagert man sie dunkel bei Raumtemperatur.

DIE BESTEN GEMÜSESORTEN

SCHÖN UND LECKER AUF DEM BALKON: Eigenes Gemüse anzupflanzen liegt voll im Trend. Lohnenswert sind vor allem Tomaten, Paprika und Chili. Andere Gemüsesorten gedeihen auch gut, aber der Aufwand lohnt sich nur bedingt, denn nach der Ernte bleiben Lücken im Topf. Tomaten, Paprika und Chili kaufen Sie als Jungpflanzen. Die übrigen säen Sie direkt in die Pflanzgefäße, am einfachsten geht das mit Saatbändern.

1 **TOMATEN:** Buschtomaten eignen sich besonders, ein paar Stäbe zur Stütze reichen aus. Tomaten brauchen von Mai bis Oktober reichlich Wasser und (Tomaten-)Dünger. Tipp: Knipsen Sie Triebspitzen im August ab, so kann die Pflanze ihre Kraft ganz in die Ausreifung der vorhandenen Fruchtansätze stecken.

2 **PAPRIKA UND CHILI:** Sie werden ähnlich wie Tomaten gepflegt und brauchen einen sonnigen, warmen und windgeschützten Platz. Paprika muss mit einem Stab gestützt werden.

3 **SALAT:** Sehr gut geeignet sind Schnittsalat und Rucola, die Sie in Lücken zwischen die übrigen Balkonpflanzen säen können. Immer nur die äußeren Blätter abschneiden, so kann man über einen langen Zeitraum ernten, ohne dass „Löcher" entstehen. Nicht vergessen: Salat darf nie austrocknen.

4 **RADIESCHEN:** Sie keimen und wachsen innerhalb weniger Wochen, säen Sie sie einfach im Frühling in Reihen in die Balkonkästen. Das geht sogar schon ab Februar/März, bevor die eigentlichen Balkonblumen in die Pflanzgefäße kommen. Ernten Sie sie rechtzeitig, sonst werden sie innen pelzig.

5 **MANGOLD:** Unterschiedliche Sorten, bei denen entweder die Blätter oder die Stiele und Blattrippen verzehrt werden. Mangold bildet tiefe Wurzeln, braucht daher einen entsprechend tiefen Topf. Aussaat von April bis Juni. Mangold wird zum Anfang des Frühlings auch oft als getopfte Pflanze angeboten.

OLEANDER?

OLEANDER HAT WUNDERSCHÖNE BLÜTEN, ist aber sehr zimperlich, wenn ihm der Standort nicht zusagt. Haben Sie Zeit für einen solchen Balkon-Softie?

IM SOMMER IST ER ENORM DURSTIG, im Winter mag er es kühl, aber nicht kalt. Er verträgt zwar einige Frostgrade, aber ab –5 °C ist Schluss. Am besten überwintert Oleander bei 5 bis 10 °C – wenn Sie dürfen, stellen Sie ihn also ins helle Treppenhaus. Geht es nicht nach seinem Sinn, drohen Schädlingsbefall, Blattabwurf und zickige Verweigerung beim Blühen.

LAVENDEL!

PROVENCE AUF DEM Balkon ist möglich: Lavendel ist viel weniger anfällig als Oleander und übersteht auch Frost.

LAVENDEL IST EINE überraschend robuste Kübelpflanze, die einem durchschnittlichen Winter durchaus trotzt und im Freien bleiben kann. Es gibt mittlerweile viele verschiedene Sorten, von denen die blaue ‘Hidcote Blue’, die rosa ‘Hidcote Pink’ und ‘Edelweiß’ besonders zu empfehlen sind. Ganz besonders intensiv duften ‘Fragrant Memories’ und ‘Grosso’.

DUFTBALKON

Nicht nur fürs Auge, auch für die Nase kann der Balkon etwas hermachen! Viele Balkonpflanzen verströmen aromatische Düfte. Damit locken sie Insekten an, die die Bestäubung der Pflanzen befördern. Generell wird zwischen Duftpflanzen unterschieden, die wie Lavendel und Flieder ihren Duft von alleine abgeben, und solchen, die nur durch Berührung oder Zerreiben duften, zum Beispiel Melisse, Zitronenthymian und Salbei. Ihr Duft bleibt das ganze Pflanzenleben, während selbstduftende Pflanzen nur zur Blütezeit duften, dann aber oft umso intensiver. Viele Düfte wirken auch für uns Menschen sehr angenehm und können eine beruhigende oder auch anregende Wirkung haben. Stellen Sie Ihre Duftpflanzen an sonnige und windgeschützte Standorte. Dort entfalten sie ihre Aromen besonders intensiv.

DUFTNOTEN

Kräuter sind klassische Duftpflanzen. Sie duften meist herb-würzig oder auch süßlich-scharf. Thymian, Lavendel, Rosmarin und Apothekersalbei entwickeln ihren würzigen Duft besonders intensiv, wenn sie in der vollen Sonne stehen. Andere Pflanzen duften fruchtig. Dazu gehören natürlich Obstpflanzen wie Apfelbäume oder Sträucher wie die Himbeere. Lilien duften ebenso fruchtig, leicht nach Vanille. Blumig duftet der Pfeifenstrauch (auch: Falscher Jasmin) und einige Funkienarten.

DUFTKOMBINATIONEN

Kombinieren Sie am besten nicht zu viele intensive Gerüche miteinander. Fruchtige oder zitronige Düfte passen gut zu Honigaromen. Würzige Noten unterstreichen sanfte blumige Aromen. Stellen Sie intensiv duftende Pflanzen nicht direkt neben zarte Dufter, sonst werden diese unterdrückt. Einige Pflanzen verströmen erst in den Abend- oder Nachtstunden ihren Duft und sind ideal, wenn Sie sich nach Feierabend erholen möchten. Lilien, Sternjasmin, Wunderblumen und Ziertabak duften außerdem nicht nur, ihre weißen oder hellen Blüten leuchten in der Dämmerung geradezu. Durchs Jahr haben die Pflanzen unterschiedliche Duftzeiten. Je nach ihrer Blütezeit duften sie in den Frühlings- oder Sommermonaten. Achten Sie bei der Auswahl der Duftpflanzen also auch auf die Blütezeit, so haben Sie fast das ganze Jahr über einen wohlriechenden Balkon. Im Service-Teil ab Seite 210 erfahren Sie mehr.

HITLISTE

Diese Pflanzen eignen sich für den Balkon und duften besonders gut.

DUFTFLIEDER

Allseits bekannter blumig-leichter Fliederduft

DUFTSTEINRICH

Duftet nach Honig und lockt Bienen an

VANILLEBLUME

Der Name sagt es: Duftet nach Vanille, abends intensiver

THYMIAN

Mediterranes Küchenkraut, in vielen Duftnoten von herb bis zitronig

WANDELRÖSCHEN

Blätter und Stiele duften intensiv nach Zitrone, wenn man sie reibt

OREGANO

Herb duftendes Küchenkraut, Schmetterlingsmagnet

ZITRONENMELISSE

Sehr konkurrenzstark, so dass man sie am besten in Einzelgefäße setzt.

DUFTNESSEL

Duftet süßlich würzig nach Anis und Fenchel

APOTHEKERSALBEI

Herb-würziger Duft mit leichter Kampfernote

OLIVENBÄUMCHEN?

KEIN MEDITERRANER Balkon ohne Olivenbäumchen? Leider brauchen sie das ganze Jahr über Bedingungen wie am Mittelmeer.

Besonders im Winterquartier sind Olivenbäumchen **ANFÄLLIG** für Schädlinge wie Schild- und Wollläuse sowie Spinnmilben.

Die mediterranen Kübelpflanzen sind vergleichsweise teuer: Ein 1 Meter großer Olivenbaum **KOSTET** ungefähr das Dreifache einer genauso großen Ölweide.

Früchte tragen die Olivenbäume nur in warmen Sommern. In kühlen Sommern reifen die Oliven auf hiesigen Balkonen nicht aus, roh sind sie zudem **UNGENIESSBAR**. Noch ein Nachteil: Olivenbäume sind nur begrenzt windfest. Ihre Zweige brechen recht leicht.

OLIVENBÄUMCHEN BRAUCHEN, genau wie Zitruspflanzen, auch im Winterquartier viel Licht und Temperaturen zwischen 5 und maximal 12 °C. Stehen sie zu warm, ist ein Befall mit Spinnmilben vorprogrammiert, und bei zu wenig Licht werden die Triebe lang und weich, sie vergeilen. Wer nicht verzichten möchte, leistet sich besser eine Überwinterung in einer Gärtnerei.

ÖLWEIDE!

5–6

SIEHT AUS, ALS KÄME sie vom Mittelmeer, tut sie aber nicht und verträgt unser Klima daher viel besser als das Olivenbäumchen.

Im Kübel können Ölweiden durchaus eine Höhe von 3 bis 4 m erreichen. Sie vertragen aber einen Rückschnitt gut und lassen sich so **IM ZAUM** halten. Wenn es der Kübel mitmacht, halten Ölweiden Temperaturen bis – 28 °C aus.

Für die Kübelkultur eignen sich besonders die Silberölweide **AUS ALASKA** und Kanada sowie die Schmalblättrige Ölweide, die aus Asien stammt. Achtung: Die Schmalblättrige Ölweide hat Dornen.

DIE SILBERÖLWEIDE wächst schnell und dicht, sie eignet sich auch gut als Sichtschutzpflanze. Genauso wie die Schmalblättrige Ölweide verträgt sie auch Trockenheit und Frost. Die gelben Blüten im Mai/Juni sind bei beiden Arten – bis auf den angenehm süßlichen Duft – kaum wahrzunehmen. Umso mehr wirken ihre silbernen Blätter, die an Olivenbäume erinnern.

KIRSCHLORBEER?

ER IST DAS GANZE Jahr grün, der Kirschlorbeer. Zumindest der Theorie nach …

Wenn der Kirschlorbeer die Winter übersteht, wird er meist sehr groß – zu groß für den Balkon. Regelrecht zur **PLAGE** kann er werden, da er sich selbst aussät und unkontrolliert ausbreitet.

Immergrün, aber nur wenn er nicht **EINFRIERT**! Pralle Sonne verträgt der Kirschlorbeer leider auch nicht.

ACHTUNG!
Blätter und Samen enthalten blausäurehaltige Verbindungen. Die sind sehr giftig! Auf einem Balkon mit Kindern hat der Kirschlorbeer also nichts verloren.

FÜR PFLANZGEFÄSSE auf dem Balkon ist Kirschlorbeer nur bedingt geeignet. In sehr kalten Wintern frieren die Pflanzen bis auf die Wurzeln zurück und erholen sich – wenn überhaupt – nur langsam. Auch andere immergrüne Gehölze wie Buchs, Mahonie und Feuerdorn sind relativ frostempfindlich und für Balkon und Dachterrasse nicht zu empfehlen.

LIGUSTER!

DAMIT ES AUCH IM Winter grün ist auf Ihrem Balkon, greifen Sie besser zum schwarzgrünen Liguster.

DER ÜBERLEBENSVORTEIL des schwarzgrünen Ligusters besteht darin, dass er bei starkem Frost die Blätter einfach abwirft. Außerdem sind die Blätter kleiner als beim Kirschlorbeer, Schäden fallen an ihnen nicht so auf. Noch ein Vorteil: Er treibt auch nach einem radikaleren Rückschnitt wieder schnell und dicht aus und bietet schon nach wenigen Wochen einen guten Sichtschutz.

SCHATTIGER BALKON

Es gibt zahlreiche Pflanzen, die sich an einem schattigen oder halbschattigen Platz viel wohler fühlen als in der prallen Sonne und erst dort richtig gedeihen. Sie haben meist weniger spektakuläre Blüten, dafür aber umso attraktiveres Laub. Für Balkone, die ganz im Schatten liegen, sind Farne geeignet. Aber auch auf sonnigen Balkonen gibt es fast immer schattige Ecken, zum Beispiel hinter dem Geländer. Wenn überhaupt, gibt es dort nur wenige Stunden pro Tag direkte Sonne. Die meisten Pflanzen, die in Deutschland sonnige Standorte mögen, kommen auch im Halbschatten klar.

SOMMERBLUMEN

Unter den Sommerblumen sind Korallenfuchsien und Fleißige Lieschen unkompliziert und relativ anspruchslos. Sie wachsen auch noch schön, wenn sie nur eine Stunde Sonne pro Tag bekommen. Vom Fleißigen Lieschen gibt es Sorten mit gefüllten Blüten, die an kleine Röschen erinnern. Es gibt sie in Weiß, Rosa, Violett, Rot, ein- und zweifarbig. Wichtig ist, dass sie nie austrocknen, denn die weichen Triebe und Blätter welken schnell. Leider werden sie gerne von Schnecken gefressen (Bekämpfung siehe Seite 120). Korallenfuchsien mit ihren schlanken, eleganten Blüten gehören zu den schönsten Arten für den Balkon.

STAUDEN

Die Auswahl für schattige Standorte ist riesig. Zu den schönsten gehören die Funkien, die es in Größen von wenigen Zentimetern bis zu fast einem Meter gibt. Die Blätter variieren je nach Sorte in allen Grüntönen von Gelbgrün bis zu Blaugrün. Es gibt auch viele Sorten mit panaschiertem (zwei- oder mehrfarbigem) Laub, das grünweiß oder grün-gelb gezeichnet ist. Die kleinen Glöckchenblüten erscheinen ab Juni an langen Rispen. Weitere Schattenklassiker unter den Stauden sind Bergenien mit ihren festen, ledrigen Blättern und verschiedene Glockenblumen. Vom Silber- bzw. Purpurglöckchen gibt es zahllose Sorten, deren Blätter jeweils grünlich, gelblich oder rötlich, oft mit Zeichnung, sind.

GEHÖLZE

Der Pfeifenstrauch mit seinen weißen einfachen oder gefüllten Blüten im Mai/Juni ist neben dem Liguster und dem Japanischem Ranunkelstrauch eine besonders gute Empfehlung, zumal er ebenfalls für Sichtschutz sorgt.

HITLISTE

Diese Pflanzen brauchen nicht viel Sonne und fühlen sich auch im Halbschatten oder Schatten wohl.

WALDGLOCKENBLUME

Sonnig bis halbschattig

SILBERGLÖCKCHEN

Sonnig bis halbschattig

GOLDFELBERICH

Sonnig bis halbschattig

FUNKIE

Halbschattig bis schattig

PRACHTSPIERE

Sonnig bis halbschattig

BERGENIE

Halbschattig

SALOMONSIEGEL

Halbschattig bis schattig

KORALLENFUCHSIE

Halbschattig bis schattig

FLEISSIGES LIESCHEN

Halbschattig bis schattig

FUCHSIEN?

HOCHGEZÜCHTETE FUCHSIENSORTEN sehen schön und extravagant aus, aber leider oft nur für kurze Zeit.

Beim Gärtner topp, auf dem Balkon ein Flop: Wenige Blüten und **KAHLE STELLEN** sind der Anblick, den man bei vielen Fuchsiensorten befürchten muss.

In Züchtungen entstehen Fuchsien mit untypischen Farben unter **ANSPRUCHSVOLLEN** Bedingungen, die der Balkon nicht bieten kann. Besser Finger weg von blauen und weißen Blüten!

PERMANENTE PFLEGE benötigen viele Fuchsiensorten, wenn man sich an ihrem Anblick lange erfreuen möchte. Die hochgezüchteten Sorten mit rotweißen oder rotblauen Blüten sind besonders anfällig für Schädlinge. Sie brauchen es hell, aber keine direkte Sonne, luftig, aber nicht windig, und sie dürfen nicht austrocknen, zu nass sollten sie aber auch nicht stehen. Ganz schön kompliziert!

FUCHSIEN!

KORALLENFUCHSIEN SIND im Gegensatz zu ihren hochgezüchteten Verwandten sehr robust.

BEI AUSREICHENDER WASSERVERSORGUNG kann man Korallenfuchsien auch in die Sonne stellen. Sie sind robust gegenüber Schädlingen, nur Frost mögen sie nicht. Ihre rötlichen Blätter bringen Farbe in den sonst durch Grüntöne dominierten Schatten. Die orangerosa Blüten lassen sich mit weißen oder blauvioletten Blütenpflanzen wie dem Storchenschnabel kombinieren.

Balkon im Herbst und Winter

Im Herbst wird es langsam kälter und die Balkonsaison neigt sich ihrem Ende zu. Kein Grund für graue Tristesse! Selbst für den Winter gibt es Tricks, wie Sie kalter Ödnis entgehen.

HERBST UND WINTER AUF DEM BALKON

Kalt, nass und dunkel – auch wenn es ab September draußen immer ungemütlicher wird, erreichen viele Pflanzen ihren Höhepunkt und präsentieren sich in voller Blüte.

PFLANZEN FÜR DEN HERBST

In der kalten Jahreszeit zahlt es sich aus, dass viele robuste und frostresistente Stauden und Gehölze auf dem Balkon stehen. Felsenbirne, Liguster, Ziersalbei, Thymian und viele mehr überstehen unsere Winter gut und können draußen bleiben. Gräser sind im Herbst die dekorativen Höhepunkte auf dem Balkon. Das Lampenputzergras mit seinen locker-fedrigen Blüten- und Samenständen ist besonders schön. Ein weiteres winterfestes Gras ist das Reitgras mit sehr schönen goldenen „Ähren".
Auch die Hohe Fetthenne 'Herbstfreude' ist mit ihren dunkelrosa Blütendolden auf etwa 40 Zentimeter hohen Stängeln ein Hingucker. Sie blüht bis in den November hinein, doch auch verblüht sieht sie schön aus. Bergenien haben ledrige, immergrüne Blätter, die im Herbst eine attraktive bronzerote Färbung bekommen. Empfehlenswert ist die Sorte 'Doppelgänger', sie blüht sowohl im Frühling als auch im Herbst mit

rosafarbenen Blüten. Alle Bergenienarten sind sehr robuste Pflanzen für den Schatten und Halbschatten, allerdings sind sie empfindlich gegenüber Spätfrösten.

Die Lampionblume präsentiert ihre Samenstände im Herbst als leuchtend orangerote Lampions, die in ihrem Inneren eine kleine Beere enthalten.

Die Herbstpflanzen schlechthin sind Astern und Chrysanthemen. Astern gibt es in vielen Farben und Wuchshöhen von 15 Zentimetern bis weit über einen Meter. Die hohen Sorten müssen gestützt werden und eignen sich nicht für den Balkon, die kleineren dafür aber umso besser. Chrysanthemen blühen in Rosa-, Weiß-, Gelb-, Orange- und Brauntönen. Sie werden im Herbst blühend in Töpfe gepflanzt. Astern und Chrysanthemen sind bemerkenswert kälteresistent und blühen bis in den Winter. Neben diesen mehrjährigen Blühern sehen besonders Zierkohl und Hornveilchen schön aus. Während Zierkohl oft ab Februar durch Frost und Nässe immer unanttraktiver wird und entfernt werden kann, überdauern Hornveilchen milde Winter und entfalten ab März ihre volle Pracht.

WINTERSCHUTZ UND ÜBERWINTERUNG

Empfindliche Kübelpflanzen müssen Sie ab Ende Oktober ins Winterquartier holen. Machen Sie sich schon bei der Auswahl Ihrer Balkonpflanzen Gedanken über die Überwinterung. Vielen Kübelpflanzen reicht ein dunkler und kühler Ort zum Überwintern. Wer den nicht bieten kann oder keine Lust auf Kübelschleppen hat, sollte entsprechend winterharte Pflanzen auswählen. Greifen Sie bei der Grundbepflanzung nur zu Gewächsen, die problemlos den Winter über auf dem Balkon bleiben können. Dazwischen pflanzen Sie einjährige Sommerblumen, die im Winter erfrieren, mit denen Sie aber jedes Jahr neue Akzente setzen können. Mehr dazu auf Seite 199.

Gefahr im Winter

Viel schlimmer als Frost sind **Trockenheit und Staunässe**. An frostfreien, sonnigen Tagen verdunstet Wasser aus den Pflanzen und wird von den ausgetrockneten oder gefrorenen Wurzeln nicht wieder aufgenommen. Staunässe tritt auf, wenn Schnee schmilzt und in der Erde versickert, aber nicht abfließen kann, weil der Topfballen im Kern gefroren ist. Entfernen Sie daher bei Tauwetter den Schnee von der Erde und setzen Sie die Pflanzen in möglichst große und dickwandige Gefäße.

GANZJÄHRIG SCHÖN

EINE GELUNGENE MISCHUNG aus kleinen Bäumen und Stauden macht diesen Stadtbalkon das ganze Jahr attraktiv.

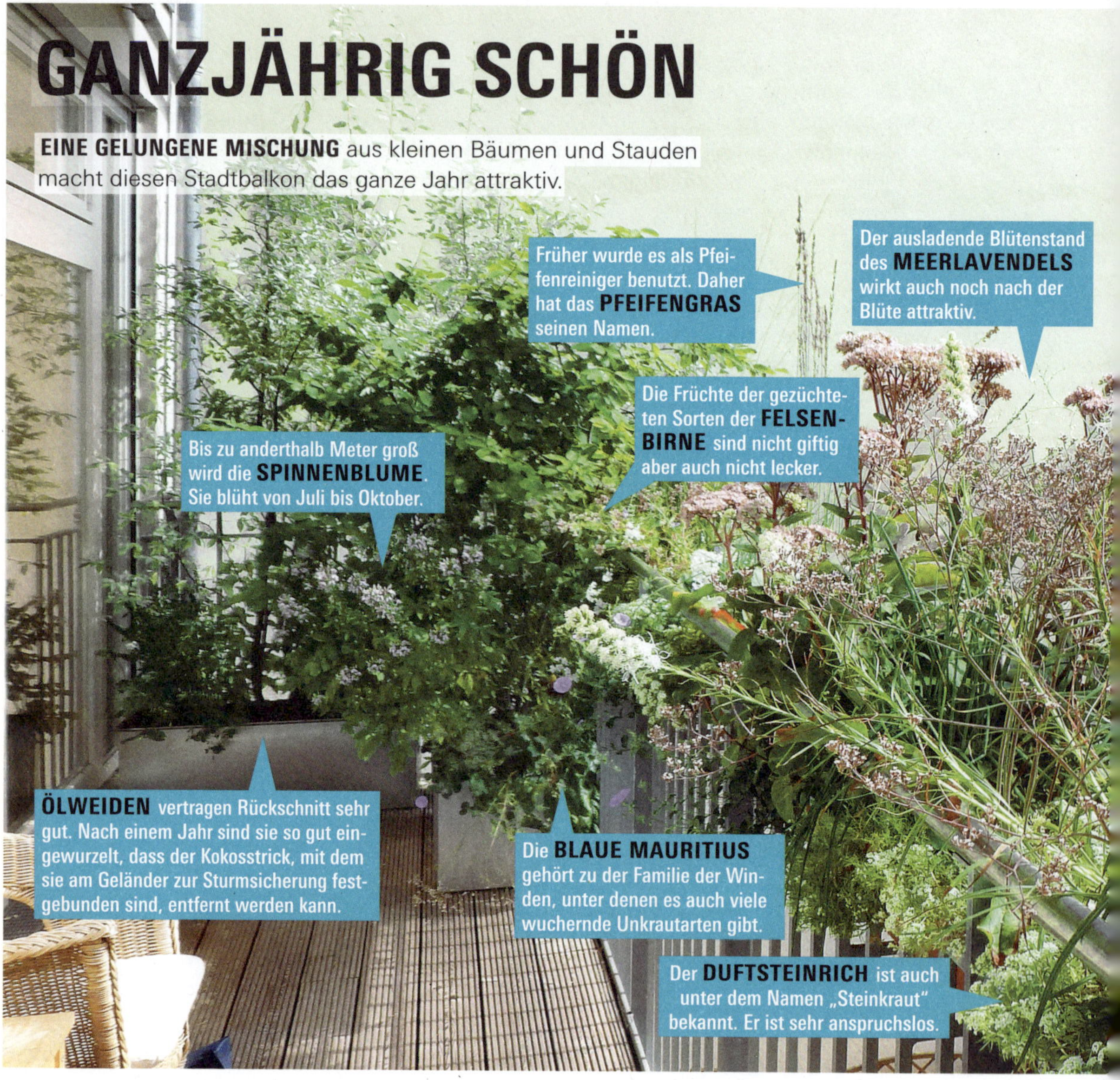

Lila und weiße **PRACHT-SCHARTEN** ('Kobold' und 'Floristan Weiß') locken Schmetterlinge an. Im Spätherbst die Pflanzen zurückschneiden.

Die **FETTHENNE** 'Matrona' hat sukkulente, rötliche Blätter und wächst nicht ganz so stark wie die ähnliche Sorte 'Herbstfreude'. Das macht sie ideal für kleinere Pflanzgefäße.

SILBRIGBLÄTTRIGE ÖLWEIDE und Felsenbirne wachsen auf diesem Balkon. Beide vertragen das trockene Stadtklima ausgezeichnet. Ihre Pflanztröge stehen am Ende des langen und schmalen Balkons, sodass er weniger schlauchig wirkt. Die übrigen Pflanzen wachsen in Kästen auf Höhe des Handlaufs. So bleibt die Sicht in die Umgebung offen, wenn man auf den bequemen Korbstühlen den Feierabend genießt.

KUNTERBUNTER HERBST

SO FARBENFROH SIEHT ES AUS, wenn die Herbstblüher auf dem Balkon richtig loslegen.

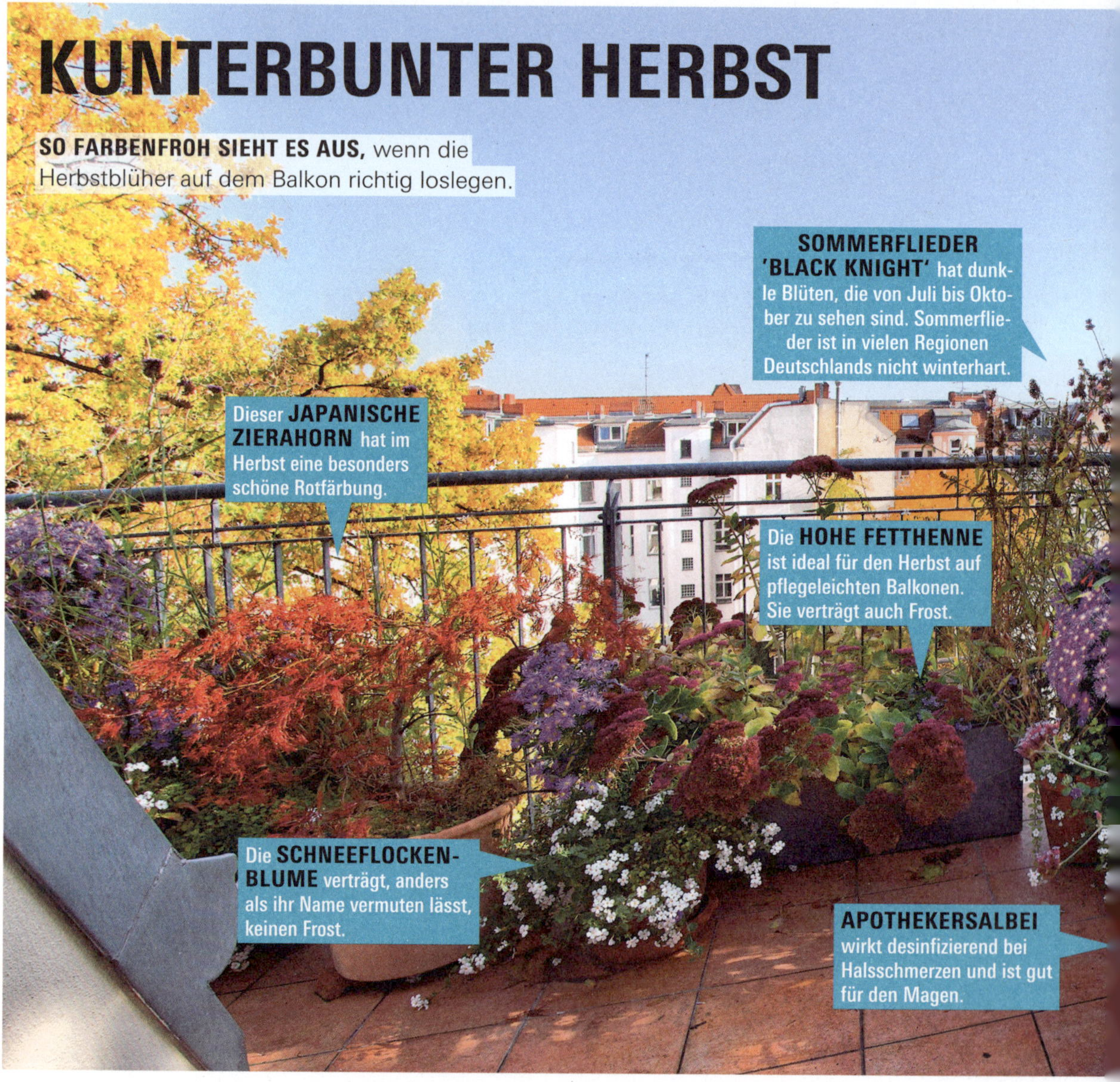

ASTERN, FETTHENNEN UND SOMMERFLIEDER, Patagonisches Eisenkraut, Prachtkerzen und Korallenfuchsien, alle blühen bis spät in den Herbst hinein. Die gelb verfärbten Ahornbäume vor dem Balkon machen das Farbspektakel komplett. Problemlos kommen Astern, Fetthenne, Japanischer Zierahorn und die Weidenblättrige Birne auf dem Balkon über den Winter. Der Sommerflieder übersteht leichte und kurze Fröste. Da er jedoch nicht teuer ist, dafür aber besonders schön, ist er das Risiko wert. Patagonisches Eisenkraut und Prachtkerzen samen sich reichlich aus, sodass Sie sie nicht nachpflanzen müssen. Daher ist es nicht schlimm, dass sie nur sehr milde Winter überstehen.

DEUTSCHE EICHE?

EICHELN UND AUCH KASTANIEN keimen und wachsen sehr schnell. Doch was niedlich anfängt, wird bald zum Riesen.

Vorsicht Hebelwirkung: Schon kleine Bäume sind ganz schön schwer – vor allem mit nassem Laub oder durch Schneelast im Winter. Bei Wind und Sturm können sie **WIE EIN HEBEL** wirken und die Gefäße, in denen sie wachsen, zum Umfallen bringen.

BESSER NICHT!

Die Deutsche Eiche bildet eine lange, dicke Pfahlwurzel. Sie ist deshalb für Balkonkübel grundsätzlich nicht geeignet.

SOLANGE DIE BÄUMCHEN IN EINEN kleinen Blumentopf passen, gibt es kein Problem. Doch irgendwann wird aus dem niedlichen Pflänzchen ein großer Baum. Und dann braucht der Platz – mehr als ein Balkon oder eine normale Dachterrasse bieten kann. Eiche, Kastanie und Co. sind nichts für Balkonkübel. Pflanzen Sie sie lieber gleich in einen großen Garten, Park oder in den Wald.

KORKSPINDELSTRAUCH!

5–6

WEIL AUF BALKON UND DACHTERRASSE meist nur Natur en miniature nachempfunden werden kann, müssen Gehölze nach der Höhe ausgewählt werden.

Der Korkspindelstrauch ist die japanische Variante des Europäischen Pfaffenhütchens, welches durch seine dem Hut des „Pfaffen" ähnlichen Früchte auffällt. Auch dieses, allerdings in der **HERBSTFÄRBUNG** weniger spektakuläre Gehölz ist auf größeren Balkonen gut einsetzbar.

Wieso verfärbt sich im Herbst das Laub? Durch weniger Tageslicht und sinkende Temperaturen wird das grüne Chlorophyll in den Zellen schneller abgebaut. Dadurch werden andere **FARBSTOFFE** nicht länger überdeckt. Je kühler die Nächte im Herbst sind, desto intensiver ist die gelbe oder rote Herbstfärbung.

DER JAPANISCHE KORKSPINDELSTRAUCH ist das ganze Jahr über attraktiv. Im Frühjahr treibt er früh mit hellem frischem Grün aus. Im Sommer ist er dicht belaubt und damit ein guter Sichtschutz; im Herbst überzeugt er – je nach Sonnenscheindauer im Sommer – mit dezenter oder intensiver Rotfärbung des Laubes. Und selbst im Winter sind seine Äste mit den skurrilen Korkleisten ein Hingucker.

BAMBUS?

EIGENTLICH IST BAMBUS EINE wunderbare Pflanze. Immergrün, mit exotischem Asiaflair – im Gefäß ist das aber leider nichts für unsere Breitengerade.

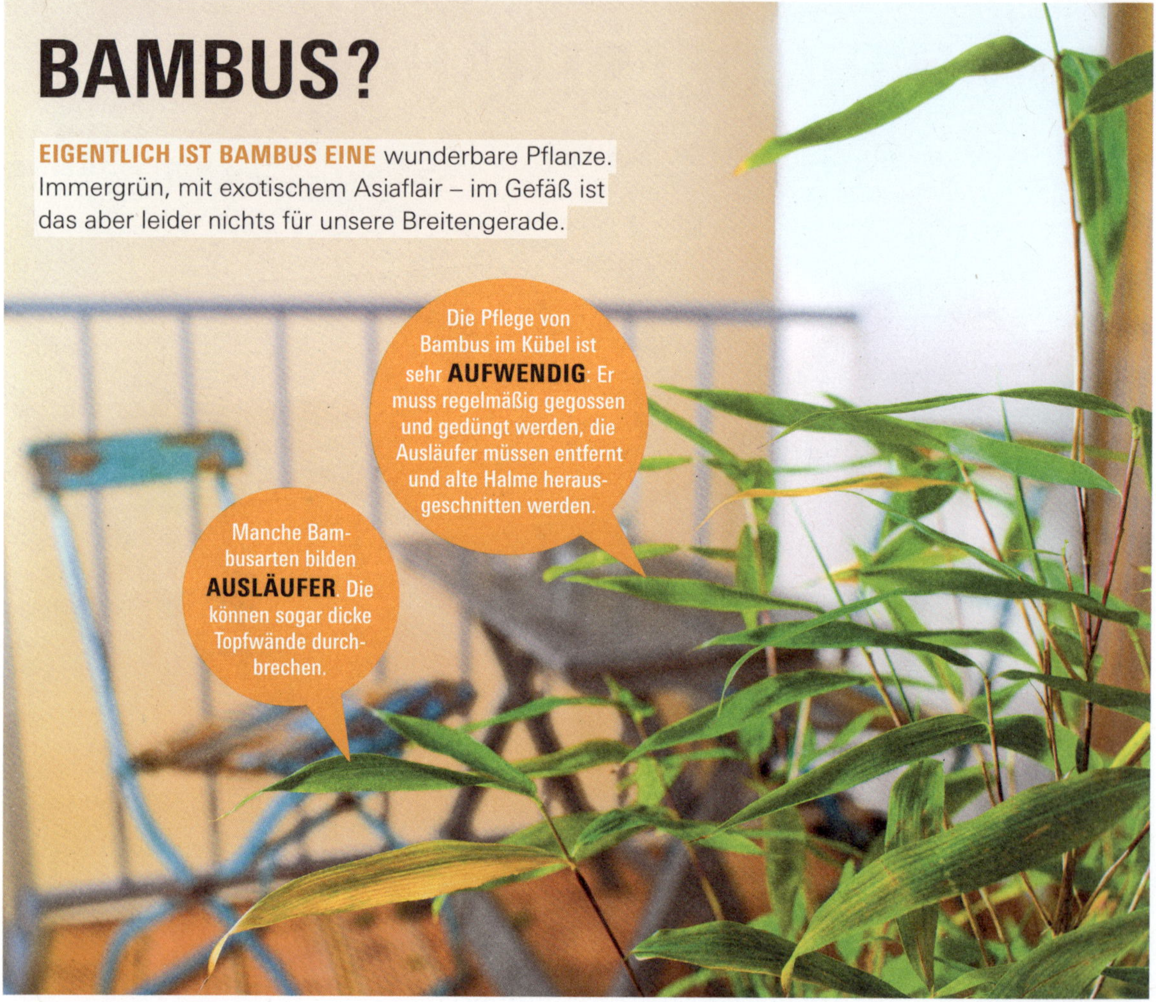

BAMBUS WIRD GERNE als Sichtschutz gepflanzt. In Töpfen und Kübeln ist keine der vielen Arten zuverlässig winterhart. Wenn das Wasser im Substrat gefroren ist, kann es nicht mehr über die Wurzeln aufgenommen werden und der Bambus vertrocknet. Auch sind die weichen Blätter anfällig gegen Wind und Hitze und rollen sich dann ein. Die sattgrüne Exotik ist so dahin.

ZIERGRÄSER!

SIE SIND ZWAR NICHT immergrün wie Bambus, halten aber auch neugierige Blicke ab – sogar im Winter.

Besonders im Herbst und Winter verschönern Ziergräser den Balkon. Das **LAMPENPUTZERGRAS** wächst locker und überhängend, andere Gräser wie das Reitgras wachsen straff und aufrecht.

VIELE GRÄSER SIND SEHR FROSTHART. Sie lenken ab dem Spätsommer durch ihr üppiges Wachstum die Blicke auf sich – und damit weg vom Nachbarn. Wenn der Schnee dann geschmolzen und der Frost aus dem Boden ist, schneidet man die Gräser 5 bis 10 Zentimeter über dem Boden ab. Dadurch übernehmen die bunten Frühlingsblüher die Rolle der „Eyecatcher".

WINDBRUCH?

GRÄSER SIND SCHÖNE Balkonpflanzen, viele Sorten knicken aber schon bei der kleinsten Herausforderung ein.

DIE RIESENSORTEN DES Chinaschilfs wie 'Goliath', 'Große Fontäne' und 'Sirene' werden zwar mit 2 bis 2,5 Metern riesig und bieten schönen Sichtschutz, sind aber windbruch- und frostgefährdet. Sie knicken bei stärkerem Wind um, was nicht nur den Sichtschutz zerstört, sondern die ganze Pflanze absterben lassen kann. Schön sieht das nicht mehr aus und Sie müssen den Kübel entsorgen.

WINDSPIEL!

6–8

ES GIBT VIELE GRÄSER, die Wind standhalten und auf Ihrem Balkon lange eine gute Figur machen.

REITGRÄSER haben ihre Gelenke kurz über dem Boden, sodass sie nur schwer abknicken können. Die Gräser mögen es sonnig und vertragen auch kalkhaltigen Boden. Leitungswasser zum Gießen ist also kein Problem.

Für Balkon und Dachterrasse **GEEIGNETE** Gräser sind: Reitgras, Rasenschmiele, Lampenputzergras und Moskitogras. Weitere Vorschläge gibt's auf den nächsten Seiten. Wenn der Schnee geschmolzen und der Frost aus dem Boden ist, schneidet man die Gräser 5 bis 10 cm über dem Boden ab.

DEKO-TIPP:
Im Sommer erzielen Sie besonders schöne Effekte, wenn Sie Gräser mit Blumen in gleicher Wuchshöhe, z. B. Patagonischem Eisenkraut, mischen.

GRÄSER, DEREN HALMKNOTEN (Nodien) dicht am Erdboden liegen, knicken nicht so leicht um. Halmknoten sind die Bereiche am Stängel, in denen die Blätter der Pflanze wachsen. Ab dem Hochsommer sind sie ein idealer Sichtschutz auch für windige Balkone und Dachterrassen. Bis in den Winter bleiben sie schön anzusehen, im Frühjahr können die alten Samenstände entfernt werden.

ZIERGRÄSER

Ziergräser haben vor einigen Jahren Einzug in die Gärten erhalten und erobern nun auch zunehmend Balkon und Terrasse. Sie erreichen im Spätsommer ihre volle Größe. Ab September/Oktober, wenn sich die Blütensaison der Stauden und Balkonblumen dem Ende zuneigt, sorgen sie mit ihren langen Halmen und Samenständen für Hingucker in den Pflanzgefäßen.

Viele Gräser kommen in Gefäßen oft sogar besser klar als im Garten. Einige sind im Winter sehr nässeempfindlich und können im Topf besser vor Regen und Schnee geschützt überwintern als draußen im Garten. Viele Gräser haben lange, weiche und überhängende Blätter, die in einem Kübel schön zur Geltung kommen. Gräser, die im Garten wuchern, können im Topf leicht im Zaum gehalten werden.

ARTEN FÜR BALKON UND TERRASSE

Schon am Wuchs können Sie die geeigneten Arten und Sorten gut erkennen. Die Halme von Gräsern sind meist hohl und durch feste, mit Gewebe gefüllte Knoten (Nodien) gegliedert. Direkt oberhalb dieser Knoten sind die Halme sehr unstabil. Hier liegen die Wachstumszonen, in denen die faserigen Verstärkungselemente, die den Halmen Stabilität verleihen, fehlen. Damit bleiben die Halme zwar beweglich und biegsam, laufen aber Gefahr, an diesen Stellen umzuknicken. Für windexponierte Balkone und Terrassen sind deshalb Gräser, deren Knoten nah am Boden liegen, am besten, denn dort sind sie windgeschützter.

PFLANZENKAUF

Gräser kaufen Sie in einer Staudengärtnerei, auf Pflanzenmärkten, dem Wochenmarkt oder in einem Gartencenter. Achten Sie auf kompakte, buschige Pflanzen; lange, helle, gelbliche Halme standen vermutlich lange zu dunkel. Gerade im Gartencenter ist es wichtig, auch die Wurzeln zu prüfen. Der Ballen muss fest und darf weder zu nass, noch zu trocken sein.

PFLANZEN UND PFLEGEN

Pflanzen Sie gekaufte Gräser gleich in ihre neuen Gefäße ein. Nach dem Angießen brauchen Gräser kaum Pflege, vom Gießen und Düngen einmal abgesehen. Die trockenen Halme können im Spätwinter bis Februar/März stehen bleiben, die Samen werden von Vögeln gefressen. Schneiden Sie sie erst zurück, wenn sich die ersten grünen Halmspitzen zeigen.

HITLISTE

Die besten Ziergräser für den Balkon:
Diese Sorten stehen stabil und sehen schön aus.

PFEIFENGRAS

Windfest und sehr elegant im Wuchs

REITGRAS

Wächst schlank und hoch, für schmale Balkone

DRAHTSCHMIELE

Für den Schatten und auch für die Sonne

LAMPENPUTZERGRAS

Wird bis zu 1,20 m hoch, wenn es sich wohlfühlt

STRANDHAFER

Für maritimes Flair, nur im Extragefäß, da er wuchert

BLAUSCHWINGEL

Verträgt Trockenheit, Halme silbrig blaugrün

BÄRENFELLGRAS

Bildet schöne halbkugelige Polster, wintergrün

BÜSCHELFEDERGRAS

Die „Haare" rollen sich nach der Blüte skurril zusammen

SCHNEEMARBEL

Für den schattigen Standort mit duftigen, weißen Blüten

HERBSTBLÜHER

WENN DIE MEISTEN BLUMEN IHREN Blütenhöhepunkt überschritten haben, kommt der Auftritt der Astern und Chrysanthemen.

DANK ASTERN UND CHRYSANTHEMEN

wird der Balkon auch in der kalten Jahreszeit schön bunt. Ihre Blüten sind einfach oder gefüllt, die Blütenblätter sind je nach Sorte rosa, weiß, pink, violett oder bordeauxrot. Mit Chrysanthemen wird es noch bunter: Gelbe, orangefarbene, rote, rosafarbene, violette und braune Blüten, sogar grün blühende Sorten gibt es. Astern und Chrysanthemen brauchen einen sonnigen Standort und vertragen auch im September und Oktober noch eine leichte Düngergabe mit einem Kali-Phosphor-betonten Blumendünger.

BESSER NICHT!

Sieht nicht nur gruselig aus, unter der Plastikfolie fängt's schnell an zu schimmeln. Das macht jeder Pflanze den Garaus. Wickeln Sie, wenn überhaupt, nur die Töpfe mit Luftpolsterfolie oder Vlies ein, so friert die Pflanzerde nicht durch.

DEN WINTER ÜBERLEBEN

IM WINTER BEDROHEN MINUSGRADE DIE BALKONPFLANZEN, WAS TUN?
Die Kübel sind oft sehr schwer, sodass es kaum möglich ist, sie nach drinnen zu bewegen. Auch wenn der Topf beweglich ist, in der Wohnung ist es vielen Pflanzen zu warm, im Keller und in der Garage oft zu dunkel, im Treppenhaus stehen sie deutlich zu warm. Mediterrane Pflanzen wie Oleander, Lorbeer und Zitrusbäume brauchen es im Winter hell bei Temperaturen von 8 bis 12 °C. Rosen, Buchsbaum und Bambus fühlen sich im Garten wohl, in Töpfen erleiden sie oft Frostschäden. Der Überwinterungsservice in der Gärtnerei ist teuer.

SPAREN SIE ARBEIT UND GELD!
Nehmen Sie nur frostfeste Mehrjährige für Ihren Balkon, die im Winter ohne Schutz draußen bleiben können. In größeren, dickwandigen Kunststoffkästen oder in Gefäßen aus Titanzink können mehrjährige Stauden, Gräser und Kräuter problemlos überwintern. Wer ganz auf Nummer sicher gehen will, stellt seine Kübel und Töpfe auf Styroporplatten oder auf Holzfüße. So dringt die Kälte aus dem Boden nicht in die Gefäße ein.
Stehen Mehrjährige mit einjährigen Blumen in einem Topf, sollte man vor dem Winter die Einjährigen nur kurz über dem Erdboden zurückschneiden und nicht mit der Wurzel entfernen, da Sie sonst die Wurzeln der Mehrjährigen freilegen würden. Pflanzen Sie Frühlings- und Sommerblumen jedes Jahr neu. Mit ihrer Blütenpracht sind sie die Mühe wert. So sieht Ihr Balkon jedes Jahr anders aus.

IM WINTER OHNE SCHUTZ DRAUSSEN BLEIBEN KÖNNEN:

- Felsenbirne
- Liguster
- Hainbuche
- Ziersalbei
- Thymian
- Prachtscharte
- Strandflieder
- Ölweide
- Sibirische Schwertlilie
- Astern
- Schafgarbe
- Schleierkraut
- Ziergräser

MEHRJÄHRIGE, WINTERHARTE PFLANZEN

Sträucher bilden ein Gerüst auf dem Balkon für die anderen Pflanzen. Sie werden mehrere Jahre alt und brauchen daher ausreichend große Pflanzgefäße. Die folgenden Arten und Sorten sind pflegeleicht, halten Wind und Sonne aus und sind so frosthart, dass sie im dickwandigen Kübel auch auf dem Balkon durch den Winter kommen.

FLIEDER

Standort: Sonnig, erholt sich nach leichter Trockenheit gut, besser ist aber ein gleichmäßig feuchter Boden.

Merkmale: Aufrecht wachsender Strauch mit herzförmigen Blättern und violetten Blütenrispen am Ende der Triebe. Blütezeit von Mai bis Juni.

Besonderheiten: Die Blüten duften betörend und sind ein Magnet für Schmetterlinge und Hummeln. Nach der Blüte können Sie die welken Rispen abschneiden.

FELSENBIRNE

Standort: Sonnig bis halbschattig, verträgt auch zeitweise Trockenheit.

Merkmale: Locker aufrecht wachsender Blütenstrauch mit weißen, herb duftenden Blüten, die von April bis Mai erscheinen. Beeren blauschwarz, bei Vögeln beliebt.

Besonderheiten: Die Blüten erscheinen vor den Blättern. Ab September färben sich die Blätter gelb bis leuchtend orangerot.

SCHWARZGRÜNER LIGUSTER

Standort: Sonnig bis halbschattig, auf gute Dränage achten. Verträgt kalkhaltiges Gießwasser.

Merkmale: Aufrechter Strauch mit grüner Belaubung und locker stehenden, langen Trieben. Blüten weiß, von Juli bis August; etwas streng riechend. Die Beeren sind giftig.

Besonderheiten: Das Laub bleibt meist auch im Winter am Strauch und wird erst im Frühling abgeworfen.

FORSYTHIE

Standort: Sonnig bis halbschattig. Sehr anspruchslos, verträgt aber keine Staunässe.

Merkmale: Die leuchtend gelben Blüten erscheinen ab März/April vor dem Laubaustrieb. Die dunkelgrünen Blätter färben sich im Herbst gelb bis dunkelrot.

Besonderheiten: Wenn geschnitten wird, dann nur direkt nach der Blüte. Wird im Sommer oder Herbst geschnitten, bleibt die nächste Blüte aus.

RANUNKELSTRAUCH

Standort: Sonnig und halbschattig. Sehr anspruchslos, verträgt auch Stadtluft sehr gut.

Merkmale: Ab dem Frühsommer zeigen sich die goldgelben kleinen Blüten. Oft blüht er im Spätsommer ein zweites Mal.

Besonderheiten: Der Strauch wird sehr hoch und wuchert stark. Daher jährlich zurückschneiden. Dabei kann man fast nichts falsch machen, die Pflanze ist überaus robust.

FRIEDHOF?

ES IST EIN GRUSELIGER ANBLICK, den viele Balkone im Winter bieten.

Künstlich eingefärbte Heidekrautpflanzen werden in den **UNMÖGLICHSTEN** Farben angeboten und gehen schon nach wenigen Wochen ein.

DIE UNWIRTLICHEN BEDINGUNGEN im Winter machen es schwer, den Balkon schön zu gestalten. Viele greifen zu Heidekraut und Tannengrün, was jedoch ein eher trauriges Bild erzeugt. Die fehlende Blütenpracht und die dunklen Farben erzeugen keine Weihnachtsstimmung. Gegen Ende des Winters ist die Attraktivität der Pflanzen ganz dahin und es herrscht Leere auf dem Balkon.

WEIHNACHTEN!

BLÜTENPRACHT GEHT AUCH IM WINTER! Mit Blumen, die besonders hart im Nehmen sind, wird's auf dem Balkon schön weihnachtlich.

CHRISTROSEN UND SCHEINBEEREN VERTRAGEN auch frostige Temperaturen bis –10 °C. Christrosen gehören zu den wenigen Pflanzen, die ihre Blütezeit im Winter haben, was besonders praktisch für einen schönen Winterbalkon ist. Zierkohl und Hornveilchen kommen auch erstaunlich oft durch den Winter. Lampenputzergras ist eine gute Alternative zum Tannengrün.

PFLANZEN, DIE LEICHT ÜBERWINTERT WERDEN KÖNNEN

Die folgenden Pflanzen sind nicht winterhart. Ihre Überwinterung ist jedoch verhältnismäßig einfach, wenn ein geeigneter, kühler Raum vorhanden ist. Ansonsten haben sie keine hohen Ansprüche an ihr Winterquartier und sind nicht besonders anfällig für Schädlinge. Und es lohnt sich, die Pflanzen machen sich einfach prima auf dem Balkon!

BLUMENROHR

Standort: Sonnig, nährstoffreiche Blumenerde, darf nicht austrocknen.

Merkmale: Blätter grün, gelb-grün oder rot-grün gestreift, auch bronzerot. Erinnern an Bananenblätter. Blüten gelb, orange oder rot.

Überwinterung: Den Topf in den Keller stellen und trocken lagern. Die Blätter nach dem Vertrocknen abschneiden. Wichtig ist, dass die Knollen in dieser Ruhephase nicht gegossen werden.

DAHLIE

Standort: Sonnig bis halbschattig, nährstoffreiche Blumenerde, nicht austrocknen lassen.

Merkmale: Über 2 000 Sorten mit vielen Blütenformen, gefüllt und ungefüllt. Es gibt alle Blütenfarben außer reinem Blau. Sehr beliebt bei Ungeziefer, also an Läusestäbchen denken.

Überwinterung: Im November zurückschneiden und die Knollen trocken und kühl im Keller oder der Garage überwintern.

SCHMUCKLILIE

Standort: Die aus Südafrika stammende Pflanze mag es sonnig, auf gute Dränage achten.

Merkmale: Blätter riemenförmig, grün, bei manchen Sorten auch grün-weiß gestreift. Blüten blau oder weiß. Die breitblättrigen Sorten sind immergrün, die schmalblättrigen ziehen das Laub im Herbst ein.

Überwinterung: Laubabwerfende Arten können dunkel, andere hell überwintert werden, müssen dann aber fast trocken und kühl stehen.

GEFLECKTE CALLA

Standort: Sonnig in feuchter, sumpfiger Erde.

Merkmale: Weiß gefleckte Blätter, blüht zumeist weiß, seltener in Gelb oder Rosa. Blütezeit von Juni bis September.

Überwinterung: Nach der Blüte ziehen bei manchen Sorten die Blätter ein, solche werden trocken, ohne Gießen, und warm gelagert, bis sich die neuen Triebe zeigen. Wenn Spätfröste auszuschließen sind, den Topf wieder nach draußen stellen.

CHINESISCHER ROSENEIBISCH (HIBISKUS)

Standort: Sonnig, aber keine pralle Mittagssonne, Staunässe vermeiden.

Merkmale: Die großen Blüten sind kurzlebig, dafür öffnen sich jeden Tag neue.

Überwinterung: Als Tropenpflanze braucht der Hibiskus relativ konstante, warme Temperaturen. Er kann an einem hellen Platz in der Wohnung problemlos überwintert werden.

Service

DIE 120 BESTEN PFLANZEN

Mehr als hundert bewährte Saisonblumen, Stauden, Sträucher und Gehölze, die auf einen besonders pflegeleichten Balkon passen, finden Sie in der folgenden Übersicht. Dazu gibt es alle wichtigen Infos, die Sie über die Pflanze wissen sollten. Sortiert sind sie nach ihren botanischen Namen. Die Legende zu den Symbolen finden Sie auf Seite 3.

Frühlingsblumen kommen ab März in die Erde. Die Sommerblumen sind vor Frost sicher, wenn Sie sie nach den Eisheiligen am 15. Mai einpflanzen. Ab September können die Herbstblumen in die Töpfe und Kästen. Mehrjährige Stauden, Gehölze und Klettersträucher können Sie im Grunde das ganze Jahr über einpflanzen, aber nicht bei längeren Frostperioden.

Saison- und Zwiebelpflanzen für das Frühjahr

Deutscher und botanischer Name	**Blüte, Wuchs, Hinweise**
Strahlenanemone *Anemone blanda*	❀ 3–4 ☠ ☀ ◐ 💧 blau, violett, rot, rosa, weiß, 10–20 cm
Tausendschön, Maßliebchen, Gänseblümchen, *Bellis perennis*	❀ 3–6 ☀ ◐ 💧 rosa, rot, weiß, 10–20 cm
Vorfrühlings-Alpenveilchen *Cyclamen coum*	❀ 2–3 ☠ ◐ 💧 rosa, rot, weiß, 10–15 cm, teils silbrig gemusterte Blätter
Goldlack *Erysimum cheiri*	❀ 4–6 ☠ ☀ ◐ 💧 gelb, orange, rot, rosa, weiß, braunrot, 20–50 cm
Traubenhyazinthe *Muscari armeniacum*	❀ 4–5 ☠ ☀ ◐ 💧 blau, rosa, 15–25 cm
Vergissmeinnicht *Myosotis sylvatica*	❀ 4–6 ☀ ◐ 💧 blau, rosa, weiß, 15–30 cm, leicht überhängend
Zwergnarzisse *Narcissus*-Hybriden und -Arten	❀ 3–5 ☠ ☀ ◐ 💧 gelb, weiß, teils duftend, bis 20 cm

Deutscher und botanischer Name	Blüte, Wuchs, Hinweise
Hyazinthe *Hyacinthus orientalis*	4-5 weiß, hellrosa, dunkelrosa, blau-violett, 15–25 cm
Ranunkel *Ranunculus asiaticus*	4-6 große Blüten, gelb, orange, rot, rosa, weiß, 20–40 cm
Blausternchen *Scilla siberica*	3-4 blau, weiß, 10–20 cm
Tulpe *Tulipa*-Hybriden und -Arten	3-6 Blütezeit je nach Sorte, alle Farben außer Blau, 10–40 cm
Hornveilchen *Viola cornuta*	2-11 Blütezeit je nach Saat- und Pflanztermin, in div. Blütenfarben, 10–20 cm, wintergrün

Frühjahrsblühende mehrjährige Stauden

Deutscher und botanischer Name	Blüte, Wuchs, Hinweise
Strandnelke, Grasnelke *Armeria maritima*	5-7 weiß, rosa, violett, 10–20 cm, polsterartig, leicht überhängend
Bergenie *Bergenia cordifolia*	4-5 rosa, rot, violett, weiß, 30–45 cm, wintergrün, bronzerote Herbstfärbung
Gämswurz *Doronicum orientale* 'Little Leo'	4-5 gelb, 30–40 cm
Gundermann *Glechoma hederacea*	3-4 blauviolett, 15 cm, langtriebige Hängepflanze, wintergrün
Lenzrose, Frühlingschristrose *Helleborus orientalis, H.*-Hybriden	2-4 weiß, hellgelb, grün, rosa, rot, 20–40 cm, immergrün
Schleifenblume *Iberis sempervirens*	4-5 weiß, 15–25 cm, überhängend, wintergrün
Immergrün *Vinca major, V. minor*	4-5 blau, violett, rosa, rot, weiß, 10–30 cm, teppichartig, überhängend, immergrün
Golderdbeere *Waldsteinia geoides, W. ternata*	4-5 gelb, 10–30 cm, kissenartig, leicht überhängend, immergrün

Sommerblumen, die bis zum Frost blühen

Deutscher und botanischer Name	Blüte, Wuchs, Hinweise	
Löwenmäulchen *Antirrhinum majus*	6-10	alle Farben außer Blau, 20–60 cm
Goldzweizahn *Bidens ferulifolia*	5-10	gelb, 20–30 cm, hängend, lange Triebe, hitzeverträglich
Ringelblume *Calendula officinalis*	6-10	gelb, orange, cremeweiß, 20–60 cm
Zauberglöckchen, Mini-Petunien *Calibrachoa-Hybriden*	5-10	in allen Farben, 20–30 cm, hängend, lange Triebe
Spinnenblume *Cleome spinosa*	7-10	rosa, violett, weiß, 80–120 cm
Glockenrebe *Cobaea scandens*	7-10	violett, rot, blau, weiß, schnellwüchsige Rankpflanze, 3–5 m
Blaue Mauritius *Convolvulus sabatius*	6-10	hellblau bis violett, 30 cm, hängend, lange Triebe
Schmuckkörbchen *Cosmos bipinnatus*	6-10	rosa, rot, weiß, 60–90 cm
Mittagsblume: *Delosperma*-Arten, *Dorotheanthus*-Arten	6-9	rosa, rot, violett, gelb, weiß, 10–20 cm, hitzeverträglich, teils mehrjährig
Elfensporn *Diascia vigilis*, *D.*-Hybriden	6-10	rosa, rot, violett, weiß, 20–30 cm, teils überhängend, *D. vigilis* mehrjährig
Korallenfuchsie *Fuchsia fulgens*	6-10	rot, 20–40 cm
Sonnenblume *Helianthus annuus*	7-10	gelb, orange, dunkelrot, rotbraun, 30–60 cm (kompakte Sorten)
Vanilleblume *Heliotropium arborescens*	5-9	violett, dunkelblau, duftend, 30–60 cm
Japanischer Hopfen *Humulus japonicus*	7-8	schnellwüchsige, robuste Schlingpflanze mit dekorativen Blättern, 2–5 m

Deutscher und botanischer Name	Blüte, Wuchs, Hinweise
Fleißiges Lieschen *Impatiens walleriana*	6-10 rosa, violett, rot, orange, weiß, 15–40 cm
Wandelröschen *Lantana camara*	6-10 rosa, rot, gelb, orange, weiß, violett, 0,3–1,5 m, hell, dunkel, kühl bis mäßig warm überwintern
Duftwicke *Lathyrus odoratus*	6-9 rosa, rot, lila, blau, weiß, duftend, Klettersorten bis 2 m, kompakte Sorten 20–30 cm
Duftsteinrich *Lobularia maritima*	6-10 weiß, rosa, rot, duftend, 10–15 cm
Elfenspiegel *Nemesia strumosa*	5-9 weiß, gelb, orange, rosa, rot, blau, 20–30 cm, teils überhängend
Kapkörbchen, Kapmargerite *Osteospermum*-Arten und -Hybriden	6-10 alle Farben außer Blau, 20–40 cm, hitzeverträglich
Bleiwurz *Plumbago auriculata*	6-10 hellblau, hellviolett, weiß, 0,5–2 m, hell und kühl, notfalls dunkel überwintern
Portulakröschen *Portulaca grandiflora*	6-9 gelb, orange, rot, rosa, lila, weiß, 10–15 cm, teils überhängend, hitzeverträglich
Husarenknöpfchen *Sanvitalia procumbens*	6-10 gelb, 10–20 cm, überhängend
Fächerblume *Scaevola aemula, S. saligna*	6-10 violett, blau, weiß, 20–30 cm, hängend, lange Triebe
Jasminblütiger Nachtschatten *Solanum jasminoides*	4-9 weiß, Kletterstrauch
Schneeflockenblume *Sutera diffusa*	5-10 weiß, zartrosa, 20–25 cm, hängend, lange Triebe
Schwarzäugige Susanne *Thunbergia alata*	6-10 gelb, orange, weiß, kletternd, 1–2 m, auch als Hängepflanze
Kapuzinerkresse *Tropaeolum*-Hybriden	7-10 gelb, orange, rot, 25–30 cm, teils überhängend, langtriebige Sorten als Kletterpflanzen
Eisenkraut, Verbene *Verbena*-Arten und -Hybriden	6-10 rosa, rot, violett, blau, weiß, 20–30 cm, aufrechte und Hängesorten
Patagonisches Eisenkraut *Verbena bonariensis*	7-10 lavendelblau, bis 120 cm

Mehrjährige Stauden, Gräser und Kräuter

Deutscher und botanischer Name	Blüte, Wuchs, Hinweise
Schafgarbe *Achillea*-Arten	6-9 rot, rosa, weiß, gelb, orange, 40–120 cm, herb duftend
Duftnessel *Agastache rugosa*	7-9 blauviolett, weiß, 60–100 cm, aromatische Blätter
Strandhafer *Ammophila arenaria*	7-8 gelbliche, lange Ähren, 80–100 cm, graugrüne Blätter, separat pflanzen, wuchert stark
Bergaster *Aster amellus*	7-9 lavendelblau, blauviolett, 40–60 cm
Prachtspiere *Astilbe*-Arten und -Hybriden	7-9 rosa, rot, weiß, cremefarben, 20–100 cm
Moskitogras *Bouteloua gracilis*	7-9 bräunliche, große Ähren, im Herbst schotenartige Samenstände, 20–40 cm, grazil
Karpatenglockenblume *Campanula carpatica*	6-8 blau, violett, weiß, 20–40 cm
Dalmatiner-Glockenblume *Campanula portenschlagiana*	6-9 violettblau, 10–15 cm, polsterbildend, leicht überhängend
Hängepolster-Glockenblume *Campanula poscharskyana*	6-9 hell violettblau, weiß, 10–20 cm, polsterbildend, überhängend
Mädchenauge *Coreopsis verticillata, C. lanceolata*	6-9 gelb, 30–60 cm
Blauschwingel *Festuca cinerea*	6-7 halbkugelige, lockere Horste mit feinen, blaugrauen Blättern, 10–20 cm, immergrün
Bärenfellgras, -schwingel *Festuca scoparia*	Blüten unscheinbar, halbkugelige, pelzig wirkende, grüne Polster, 10–15 cm, immergrün
Kokardenblume *Gaillardia x grandiflora, G. aristata*	7-9 rot, orange, gelb, 30–75 cm
Prachtkerze *Gaura lindheimeri*	7-10 weiß, rosarot, 40–80 cm

Deutscher und botanischer Name	Blüte, Wuchs, Hinweise
Teppichschleierkraut *Gypsophila repens*	5-7 weiß, rosa, 10–30 cm, polsterartig, überhängend, graugrüne Blätter
Taglilie *Hemerocallis*-Hybriden	5-9 alle Farben außer Blau und Weiß, duftend, 40–120 cm, teils wintergrün
Funkie *Hosta*-Arten und -Hybriden	6-9 weiß, rosa, hellblau, violett, 10–60 cm, schattenverträgliche Blattschmuckstaude
Bartiris: *Iris-Barbata-Nana*- und *-Media*-Hybriden	4-6 in allen Blütenfarben, oft mehrfarbig, 20–70 cm
Sibirische Schwertlilie *Iris sibirica*	5-6 blau, violett, rot, weiß, 60–80 cm
Lavendel *Lavandula angustifolia*	7-8 blauviolett, weiß, rosa, 30–80 cm, immergrün, duftend
Prachtscharte *Liatris spicata*	7-9 violettrosa, weiß, 40–90 cm
Strandflieder, Meerlavendel *Limonium latifolium*	6-7 hellviolett, 40–60 cm, wintergrün
Schneemarbel *Luzula nivea*	6-7 weiße, knäuelartige Rispen, 20–40 cm, polsterartiges Gras, wintergrün
Pfennigkraut *Lysimachia nummularia*	5-7 gelb, 10 cm, langtriebige Hängepflanze, wintergrün
Oregano, Dost *Origanum vulgare*	7-9 rosa, hellviolett, weiß, 20–60 cm, immergrün, duftend
Rauer Sonnenhut *Rudbeckia hirta*	6-9 gelb, orange, rotbraun, 25–60 cm
Ziersalbei, Steppensalbei *Salvia nemorosa*	6-9 blau, violett, rosa, weiß, 30–60 cm
Apothekersalbei, Gewürzsalbei, Esssalbei *Salvia officinalis*	6-8 hellblau, hellviolett, 30–60 cm, silbrige Blätter, bei Sorten teils gefärbt und gemustert, duftend
Goldfetthenne: *Sedum floriferum* 'Weihenstephaner Gold'	6-7 gelb, 15–20 cm, teppichartig, leicht überhängend, rötliche Herbstfärbung, wintergrün

Deutscher und botanischer Name	Blüte, Wuchs, Hinweise
Thymian *Thymus*-Arten	6–9 rosa, hellviolett, 10–40 cm, immergrün, duftend
Zwergehrenpreis *Veronica spicata* 'Blauteppich'	6–7 leuchtend blau, 10 cm, polsteratig, leicht überhängend

Herbst- und winterschöne Pflanzen

Deutscher und botanischer Name	Blüte, Wuchs, Hinweise
Kissenaster *Aster dumosus*	9–10 rosa, rot, violett, blau, weiß, 20–40 cm, kissenartig, oft nur als Saisonpflanze kultiviert
Herbstblühende Bergenien, *Bergenia*-Sorten wie 'Doppelgänger', 'Herbstblüte'	4–5 Nachblüte IX–X, rosa, rot, 30–45 cm, wintergrün, bronzerote Herbstfärbung
Zierkohl *Brassica oleracea var. acephala*	violett, rosa und weiße Blätter, 20–40 cm hoch, Saisonpflanze, frosthart bis etwa –10 °C
Reitgras *Calamagrostis acutifolia* 'Karl Förster'	6–8 gelbbraun, noch über Winter attraktiv, 100–150 cm, gelbbraune Herbstfärbung
Herbstchrysantheme *Chrysanthemum x grandiflorum*	8–9 alle Farben außer Blau, 20–60 cm, meist nur als Saisonpflanze kultiviert
Dahlie *Dahlia*-Hybriden	6–10 alle Farben außer reinem Blau, 20–80 cm, Knollen kühl und dunkel überwintern
Drahtschmiele, Rasenschmiele *Deschampsia cespitosa*	6–8 gelbbraune, fedrige Rispen, bis zum Spätherbst attraktiv, 50–100 cm, wintergrün
Scheinbeere *Gaultheria procumbens*	7–8 hellrosa, ab Herbst rote Beeren, 10–20 cm, breiter, überhängender Zwergstrauch, immergrün, bronzerote Herbstfärbung, saure Erde
Christrose *Helleborus niger*	12–3 weiß, 20–40 cm, immergrün
Purpurglöckchen *Heuchera micrantha, H.*-Hybriden	5–7 rosa, rot, weiß, 30–50 cm, viele Sorten mit bunt gefärbten und gemusterten Blättern, wintergrün

Deutscher und botanischer Name	Blüte, Wuchs, Hinweise
Pfeifengras *Molinia caerulea*	8-10 schwarzbraune Rispen, noch über Winter attraktiv, 40–80 cm
Lampenputzergras *Pennisetum alopecuroides, P. orientale*	7-10 in fedrigen Ähren, noch über Winter attraktiv, 50–120 cm, mit überhängenden Blättern
Lampionblume *Physalis alkekengi*	7-8 weiß, unscheinbar, 30–60 cm, im Herbst orangerote, ballonartige Fruchthüllen
Hohe Fetthenne, Purpur-Fetthenne *Sedum telephium, S. spectabile*	7-9 rosa, rot, cremegelb, 35–60 cm, Blätter meist blaugrün, goldgelbe Herbstfärbung
Büschelfedergras *Stipa capillata*	7-8 silbrige Blütenrispen mit langen Grannen, noch über Winter attraktiv, 30–80 cm, blaugrün

Mehrjährige Klettersträucher

Deutscher und botanischer Name	Blüte, Wuchs, Hinweise
Frühblühende Clematis *Clematis*-Hybriden, z. B. 'Lasurstern', 'Nelly Moser'	5-6 Nachblüte im August, großblumig, in vielen Blütenfarben, 2–5 m, Rankpflanze, am Fuß beschattet
Spätblühende Clematis *Clematis*-Hybriden, z. B. 'Jackmanii', 'Ville de Lyon'	6-10 großblumig, in vielen Blütenfarben, 2–5 m, Rankpflanze, am Fuß beschattet
Winterjasmin *Jasminum nudiflorum*	12-4 vorm Blattaustrieb gelbe Blüten, 1–3 m, lange, rutenartige Triebe
Schlingknöterich: *Fallopia baldschuanica (Polygonum aubertii)*	7-10 weiß bis zartrosa, duftend, 3–8 m, braucht häufigen Schnitt
Kletterhortensie *Hydrangea anomala subsp. petiolaris*	6-7 weiß, duftend, 3–8 m, mit Haftwurzeln kletternd, gelbe Herbstfärbung
Wilder Wein *Parthenocissus quinquefolia, P. tricuspidata*	Blüten unscheinbar, 3–6 m, klettert mit Haftscheiben, orange bis rote Herbstfärbung, blauschwarze Beeren
Blauregen *Wisteria floribunda, W. sinensis*	5-6 teils mit Nachblüte im August, 3–8 m, Schlingpflanze

Pflegeleichte Gehölze für große Töpfe

Deutscher und botanischer Name	Blüte, Wuchs, Hinweise
Japanischer Zierahorn *Acer palmatum*	5–6 rot, wächst sehr langsam, selten über 1,5 m, schöne Herbstfärbung
Kupferfelsenbirne *Amelanchier lamarckii*	4 weiß, 2–4 m, kupferfarbener Austrieb, gelbe bis rote Herbstfärbung, ab Spätsommer blauschwarze Beeren
Ölweide *Elaeagnus angustifolia,* *E. commutata*	5–6 gelb, duftend, 2–4 m, *E. angustifolia* hat Dornen, silbrige Blätter, olivenähnliche Früchte
Korkspindelstrauch *Euonymus alatus* 'Compactus'	5–6 gelblich, unscheinbar, 1–1,5 m, leuchtend rote Herbstfärbung
Forsythie *Forsythia x intermedia*	3–4 gelb, 1–3 m
Hortensie: *Hydrangea macrophylla,* *H. arborescens , H. paniculata*	7–9 ball-, schirm- oder kegelförmige Blütenstände, blau, rosa, rot, weiß, 1–3 m
Johanniskraut *Hypericum* 'Hidcote'	6–10 gelb, 0,6–1 m, wintergrün
Ranunkelstrauch *Kerria japonica*	5–6 gelb, meist dicht gefüllt, 1–2 m
Schwarzgrüner Liguster *Ligustrum vulgare* 'Atrovirens'	5–7 weiß, streng duftend, 1,5–3 m, Blättchen dunkel- bis schwarzgrün, im Winter violettbraun, schwarze Beeren
Blutjohannisbeere *Ribes sanguineum*	4–5 tiefrosa, rot, weiß, 1,5–2,5 m
Duftflieder: *Syringa-meyeri*-Sorten wie 'Palibin', 'Josée'	5–6 rosa, helllila, stark duftend, 1,5–2 m (kompakte Sorten)
Flieder *Syringa vulgaris*	5–6 violett, lila, blau, rosa, rot, weiß, teils duftend, 2–4 m
Weigelie *Weigela florida, W.*-Hybriden	5–6 rosa, rot, weiß, 0,8–2 m, teils mit rötlichen Blättern

Leicht zu überwinternde Kübelpflanzen

Deutscher und botanischer Name	Blüte, Wuchs, Hinweise
Schmucklilie *Agapanthus*-Hybriden, *A. praecox*	7–8 blau, violett, weiß, 0,8–1,2 m, sehr breitwüchsig, hell und kühl überwintern
Blumenrohr *Canna indica*	6–10 rot, orange, rosa, gelb, weiß, 0,3–1,5 m, dunkle Überwinterung der knolligen Rhizome
Chinesischer Roseneibisch *Hibiscus rosa-sinensis*	4–10 gelb, orange, rot, rosa, weiß, 0,8–2 m, hell und mäßig warm überwintern
Dipladenie *Mandevilla sanderi*	5–10 rosa, rot, weiß, 0,5–2 m, kletternd, hell und warm überwintern

2., aktualisierte Auflage

Stiftung Warentest
Lützowplatz 11–13
10785 Berlin
Telefon 0 30/26 31–0
Fax 0 30/26 31–25 25
www.test.de
email@stiftung-warentest.de

USt.-IdNr.: DE136725570

Vorstand: Hubertus Primus
Weitere Mitglieder der Geschäftsleitung:
Dr. Holger Brackemann, Daniel Gläser

Programmleitung: Niclas Dewitz

Konzeption und Idee: Florian Brendel, Niclas Dewitz, Ramona Jäger
Autoren: Tobias Peterson, (Folko Kullmann 1. Auflage)
Projektleitung: Friederike Krickel, Ramona Jäger, 2. Auflage: Uwe Meilahn

Lektorat: Friederike Krickel (1. Auflage)
Korrektorat: Hartmut Schönfuß, Berlin
Fachliche Unterstützung, Pflanzentabelle: Joachim Mayer
Titel, Art Direktion, Layout, Satz: Büro Brendel, Berlin
Fotografie: Knut Koops, Berlin
Styling: Frauke Koops, Geesthacht
Bildnachweis: Florian Brendel 20, 21; Fotolia/Gérard Lemaire 155; Fotolia 111 (2), Lavendelfoto 165; Tobias Peterson 6/7, 8, 10, 46/47, 66/67, 85 (4, 7), 110, 111 (3), 121, 122/123, 124, 128 (2), 129 (3), 132 (2), 133 (3), 135 (9), 138, 139 (3), 161 (2), 164 (2), 165 (2), 173 (6), 179 (7), 184, 186/187, 197 (8), 208 (2), 209 (2), 214 (2), 215 (3), thinkstockphoto 173 (6, 7);
alle weiteren Fotos: Knut Koops, Berlin

Produktion: Vera Göring
Verlagsherstellung: Rita Brosius (Ltg.), Romy Alig, Susanne Beeh
Litho: tiff.any, Berlin
Druck: Media-Print Informationstechnologie GmbH, Paderborn

ISBN: 978-3-86851-474-2

Wir haben für dieses Buch 100 % Recyclingpapier und mineralölfreie Druckfarben verwendet. Stiftung Warentest druckt ausschließlich in Deutschland, weil hier hohe Umweltstandards gelten und kurze Transportwege für geringe CO_2-Emissionen sorgen. Auch die Weiterverarbeitung erfolgt ausschließlich in Deutschland.

T

U

V

W

Z

2., aktualisierte Auflage

Stiftung Warentest
Lützowplatz 11–13
10785 Berlin
Telefon 0 30/26 31–0
Fax 0 30/26 31–25 25
www.test.de
email@stiftung-warentest.de

USt.-IdNr.: DE136725570

Vorstand: Hubertus Primus
Weitere Mitglieder der Geschäftsleitung:
Dr. Holger Brackemann, Daniel Gläser

Programmleitung: Niclas Dewitz

Konzeption und Idee: Florian Brendel, Niclas Dewitz, Ramona Jäger
Autoren: Tobias Peterson, (Folko Kullmann 1. Auflage)
Projektleitung: Friederike Krickel, Ramona Jäger, 2. Auflage: Uwe Meilahn

Lektorat: Friederike Krickel (1. Auflage)
Korrektorat: Hartmut Schönfuß, Berlin
Fachliche Unterstützung, Pflanzentabelle: Joachim Mayer
Titel, Art Direktion, Layout, Satz: Büro Brendel, Berlin
Fotografie: Knut Koops, Berlin
Styling: Frauke Koops, Geesthacht
Bildnachweis: Florian Brendel 20, 21; Fotolia/Gérard Lemaire 155; Fotolia 111 (2), Lavendelfoto 165; Tobias Peterson 6/7, 8, 10, 46/47, 66/67, 85 (4, 7), 110, 111 (3), 121, 122/123, 124, 128 (2), 129 (3), 132 (2), 133 (3), 135 (9), 138, 139 (3), 161 (2), 164 (2), 165 (2), 173 (6), 179 (7), 184, 186/187, 197 (8), 208 (2), 209 (2), 214 (2), 215 (3), thinkstockphoto 173 (6, 7);
alle weiteren Fotos: Knut Koops, Berlin

Produktion: Vera Göring
Verlagsherstellung: Rita Brosius (Ltg.), Romy Alig, Susanne Beeh
Litho: tiff.any, Berlin
Druck: Media-Print Informationstechnologie GmbH, Paderborn

ISBN: 978-3-86851-474-2

Wir haben für dieses Buch 100 % Recyclingpapier und mineralölfreie Druckfarben verwendet. Stiftung Warentest druckt ausschließlich in Deutschland, weil hier hohe Umweltstandards gelten und kurze Transportwege für geringe CO_2-Emissionen sorgen. Auch die Weiterverarbeitung erfolgt ausschließlich in Deutschland.